Ralph Kreuzer

Gesang aus dem
Nebenher

Ralph Kreuzer

GESANG AUS DEM NEBENHER

Gedichte

Kreuzer, Ralph:
Gesang aus dem Nebenher - Gedichte
München, 1999

ISBN 3-89811-076-1

2. Auflage 2001

Trostlos
und ohne Zärtlichkeit
ist mitunter die Welt

zu denen, die trösten
und Blumen pflanzen in Wunden
zertrümmerter Illusion:

Singende aus dem Nebenher.

Seidenspinnereien

Kirschblüte

So dicht gedrängt und lieblich duftend,
ein Meer von Schnee im Blättergrün
meiner Seele: Frühlingsträume,
in Spiralarmen winden sich Blütenzweige
der Kindheit zum Himmel empor.

Mutter! Vater!
Warum habt ihr mich nur aufgeweckt?
Nun regnet es,
und alle Schönheit dieser Welt
rinnt fort, rinnt fort ...

Ich suche sie auf einer grauen Straße.

Frühsommer

Dieses Gefühl,
daß das Ganze, stets Werdende,
sich wie Rosenkelche langsam öffnet -
daß das Lebensereignis Erde seine zahllosen Fühler
nach den Strahlen der Sonne streckt,
durch zierliches Moos an Birkenstämmen
wie durch die Frauen, deren geöffnetes Haar
süß duftend in die Wiesen hineinwächst;
Weidenbäume, die an Brücken wachsen,
wenn sie ihre Köpfe in den Nacken legen
und die verspielten Sonnenzungen
ihre bebenden Nasenflügel bekitzeln.
Wie doch die Erde nach der Sonne drängt!
In meinen verstohlenen Blicken drängt sie,
während ich unter dieser bemoosten Birke liege,
halb träumend
nach den schönen Mädchen schaue
und mit gierigen Fingern in Gräsern und Gänseblümchen
herumspiele.
Warum kann ich nicht einfach
wie ein unbefangenes Tier vor ihnen herstolzieren,
in ihren seidenen Haaren schnuppern?
Wir würden uns küssen, lachen
und durch den nahenden Paradiesgarten jagen,
schließlich, endlich,
im Schatten der gewaltigen,
dreigeteilten Buche,
im kühlen Sand neben dem Pferdeweg
lieben.
Allerdings: Einen Beruf habe ich nie gelernt,
und meine Taschen sind mal wieder so leer
wie der weitblaue Sommerhimmel.

Mein Vater

Meinem Vater gebührt das größte Verdienst:
Er hat mich stets - gelassen.
Bis zum Abitur hatten noch alle Grund,
stolz auf mich zu sein;
weil jedoch meine wahren Eltern
mein Geist und die Natur waren,
wurde ich Hilfsarbeiter,
Sänger und Dichter, durchwanderte
ich die Welt: ein Taugenichts!
Meine Mutter: die Natur.
Mein Vater: der Geist.
Meine Kindheit: Zeugnis des Kriegs
meiner Eltern.
Nichts wäre mein Leben ohne die
Erkenntnis,
daß das Nichts meines Lebens
sich in das Eine fügt: die Wirklichkeit
meines Selbst.
Wichtigtuer und Popanze tanzen darin
um Papierfetzen, Titel,
Macht und Geld: Sie träumen von Größe
und tanzen,
drehen sich um ihre Ängste.
Meine Liebe gehört auch ihnen:
Ich lasse sie Kinder sein,
wie mein Vater mich - Mensch sein ließ,
weil er mich liebt.

Glück

Hätte die Menschheit
anstatt ihrer ausgedachten Heldentaten
ihre ausgemachten,
wahrgewordenen Schweinereien
besungen -
kein Kind wagte sich mehr in die Schule,
und jedermann
bestellte seinen Acker, liebte seine Frau,
lebte bescheiden, wunschlos
und glücklich.

Preisorientiert

Der volle Kühlschrank
mit Blick auf den Hinterhof:
Mülltonnen.

Sie quellen über
und stinken mit steigender Leistung
in die Küche zurück.

Die Fenster bleiben geschlossen,
bis der Dreck nicht mehr zu leugnen ...
ist es zu spät.

Zukunftsverlust

Tropft der Wasserhahn,
hebt ein kalter Wind zu klagen an,
stirbt im Birkenwald ein Reh,
nach der Liebsten ist mir weh.

Sohn:
„Seit gestern ist die Scheidung durch."

Vater:
„Was gibt es heute im Fernsehen?"

Großvater:
„Ihr habt etwas - verloren."

Bleibt die Welt nicht stehn,
Mädchen schweigend sich im Winde drehn,
sind im Wald alleine da
Vater, Sohn und Opapa.

Einsamkeit

Wir sind es alle.
Sieh, wie heute die Robinie blüht:
Sie steht für sich. Und doch,
in ihrer Blütentöchterschar
erkennen wir unsere Kinder:
Weiße Schmetterlinge,
in Trauben zittern sie im Wind,
undenkbar,
daß eins für sich alleine wär;
sie sind Gefühl, in ihnen
spiegelt sich die gesamte
Blütengesellschaft.
Verlassen zu sein, verraten,
das wäre ihr Tod,
ihre größte Furcht und die größte
Sünde, die Mann und Frau einmal
an ihnen begehen könnten.
Sieh, wie heute die Robinie blüht:
Wir fürchten uns alle.

Freiheit: der Geist der Robinie,
die Einsamkeit
des seine Einheit erkennenden
Baums.

Die Europamacher

Die Europamacher hatten eine gute Idee:
„Wir machen Europa."
Doch leider war ihre Handlungsfähigkeit
eingeschränkt,
sie betrug aus Kostengründen nur drei Prozent,
und Europa war teuer.
Weil jeder Europa als erster machen wollte,
für seine persönliche Ewigkeit,
begannen die Europamacher Europa zu machen,
ohne die Europäer zu fragen,
ob sie damit einverstanden sind.

Man träumte von einem römischen Europa
mit amerikanischem Anstrich,
also von einem Schnellrestaurant
mit Krawattenzwang.
In Europa sollten alle gleich sein:
viele arm, wenige viel zu reich ist gleich
dem Ende des Kommunismus,
der Geburt eines Schnellrestaurants.
Wir sollten Europa verwirklichen,
unbedingt,
aber ohne die Europamacher:
Sie sind krankmachende, billige Kost
in allzu aufwendiger Verpackung.

Kleines Mädchen

Hätte der Lehrer nicht „Aufpassen!" gerufen,
sie schaute noch immer zum Fenster hinaus
und popelte selbstvergessen
in ihrer hübschen Nase.
Nun starrt sie mit großen Augen zu der Tafel hin,
während die Worte des Lehrers
schon wieder leiser werden und leiser,
seine Rede ist nichts vor dem Angesicht
ihrer schönen Träume:
Sie hatte draußen einen Schmetterling entdeckt,
inmitten der harten Welt
ihrer Erzieher.
Realität: Ihre Augen sind weit geöffnet,
während sie träumt;
eines Tages wird sie mal heiraten.

Weltuntergang

Mitten im Paradies
ist die Schönheit eine Selbstverständlichkeit,
du hast dich daran gewöhnt;
du brauchst dich nur zu bedienen,
nehmen,
und wegräumen, was dir beim Nehmen
im Wege steht,
bis das Paradies
einem kahlen Totenschädel gleicht -
dem Fluchtpunkt deiner Häßlichkeit:
Ein Spiegel quasi
deines real nicht existierenden
Charakters.
Irgendwo in Kanada ermorden sie bald
den letzten Baum;
es wird dann keine Unschuld mehr geben,
keinen Apfel, mit dem man
dich verführen könnte,
und erst recht keine Erkenntnis.

Das Ewige

Das Ewige ist still wie das Lärmen
eines Sonnenuntergangs.
Menschengewimmel: Wie sie umherirren
in ihrer Tatenlosigkeit!
Ihr Getue ist das Ergebnis ihrer Furcht.
Denken: ein Kanal, geschaffen
aus dem freien Fluß ihrer Seele;
ihre Liebe verhärtet dabei zu Beton,
und ihr einst frischer Kindermut
versickert im Bausand
für eine hübsche Uferpromenade.
Der Weise benötigt keinen Himmel, um sich
daran festzuhalten - er kommt und geht;
freie Tat aus der Stille seiner Betrachtung.
Ruhelos: Verstand und Logik,
Ich und Du. Ruhelos: die Furcht.
Die Toten lachten sich tot,
als sie erfuhren,
daß sie niemals gelebt hatten:
Sie fürchteten sich vor dem Leben.
Die Stille kann einen anschreien,
wenn sie unerträglich wird,
und ein Gewitter
- aus der Ferne betrachtet -
offenbart erst die ganze Ruhe
und Beschaulichkeit
einer lauen Sommernacht.

Worte an meinen Geist

Vergib mir, Vater, wenn
mancherlei Zweifel an Deiner Kraft,
meine Freiheit schwächend,
doch auch das eine oder andere
Lied gebar;
ich stieg hinab in die Furcht
und tragische Lächerlichkeit
der Philister,
ich fand - Deinen Himmel weiter noch
und blauer vor dem Hintergrund
ihrer Engstirnigkeit.

Vergib mir, Vater, wenn
mancherlei Selbstsucht mir Furcht einflößte,
mein Verständnis schwächend
für Deine Vielfalt, deren Samen mein
Herz gebar;
ich sah hinein in die Welt
voll tragischer Eitelkeit,
mordend Natur,
ich fand - Deine Liebe größer noch
und reiner vor dem Hintergrund
ihrer Vergänglichkeit.

Ich weiß: Du bist die Ewigkeit,
furchtlos vor dem Hintergrund
unserer furchtbringenden
Gier.

Antwort

Es gibt Menschen, die glauben, ich
wäre längst ausgestorben.
Sie messen die Größe der Natur
an der Länge des Äquators, die
Qualität eines Gedichts
an seinem Versmaß und
die Güte des Herzens
an ihrem Geldbeutel.

Es gibt Menschen,
die sind bereits gestorben,
während sie reden. Sie reden,
während ich lebe.
Sie haben allesamt einen Beruf,
Kinder,
die sie zu lebenden Toten heranzüchten,
und einen Fernsehapparat,
der ihnen die Demokratie erklärt
und das Leben zeigt,
wie sie es sich wünschen - während
ich lebe.

Es gibt sie gar nicht, diese Menschen,
die da glauben,
ich wäre längst ausgestorben:
Ihr Intellekt, den sie über alles preisen,
sie ermessen damit die Größe
der Natur,
die Qualität eines Gedichts und
die Güte des Herzens -
ihr Intellekt ist nur ein armseliger Schatten
von meinem Gefühl.

Freiheit

Frei sein ist nicht einfach.
Ich wurde dazu geboren,
beruflos und berufen,
eine Lilie auf dem Felde.
Ich bin:
Darin begreift sich die ganze Freiheit
und die größte Verwirrung.

Ich tanze nicht auf euren Festen;
mangels Taktgefühl
tanze ich mit dem Wind.

Ich muß mich nicht anpreisen
und verkaufen.
Ich wachse in eurem Lichtschatten
und werde zu Licht.
Ich bin -
und kenne meinen Platz
in dieser Welt.

Letzte Nachrichten

Amerikanischer Held
rettet Welt.

Dollars und Vaterland
abgebrannt.

Alle anderen tot.
Seit gestern Heldenverbot.

Positive Bilanzen

Amerika ist ein reiches Land,
weil man die Armut von den Hauptstraßen
kehrt und von den Bildschirmen
wegblendet. Bibelstunde.
Es ist, wie wenn man im Winter
Metallstangen trägt:
Man verbrennt sich die Finger.

Neue Welt

Nach dem Schüleraustausch
und nach einem Leben ohne Schwierigkeiten,
aber voller nichtssagender Probleme,
war das Kind satt und aufgedunsen,
überglücklich.

Es hatte Amerika gesehen,
blankgewienerte Wolkenkratzer und Baseballstadien,
die gewaltigen Cañons und Las Vegas,
Disneyland, Kalifornien und Florida -
es hatte daraus den Schluß gezogen:
In Amerika ist alles perfekter,
einfacher und besser.

Es hätte mal um die Ecke sehen sollen,
vielleicht ein, zwei Jahre den nackten Hintern
in die rauhe Welt halten müssen,
anstatt auf der „Love-Parade"
ganz politisch damit herumzuwackeln.

Ach, es ist so unbequem aufzuwachen
aus sinnlos starrender Anbetung
des eigenen Ich.
Wie schön, daß es dir gutgeht, Kleines!
Du hättest sie besser machen können,
deine eigene, kleine, aber wirkliche -
neue Welt.

Parallaxe

Die zwei Geraden
trafen sich an der Unterseite
von seinem Kinn.
Sofort erblühte ein Sternchen,
dessen Entfernung
zum Hinterausgang des Bierzelts
plötzlich Bedeutung erlangte.

Das Ganze war irgendwie paradox.
Seine Freundin hatte
die ohnehin paralysierten
Bierbrüder beinahe paranoisch
provoziert.
Sie wären Paragraphenreiter!
Nahezu parallel
flogen die Fäuste an ihr vorbei
und verwandelten sein Kinn letztendlich
in Paraffin.
Er hingegen verstand „Parasol".

Paralipomenon:
Die zwei Schläger waren Seeleute
aus Paramaribo.
Aber das ist ein anderer Winkel
vom großen Oktoberfest.

Gottesgewalt

Das Autowrack an der Blutbuche
sah aus wie eine von Menschenhand
zerdrückte Fliege
an der Fensterscheibe.

„Krone der Schöpfung" dachten
beide, als sie noch frei
und unbeschwert übers Land flogen.

Naja, vielleicht hatte die Fliege
gar nicht soviel dabei
nachgedacht.

Sonnenaufgang

Ob dein Herz zerspringt
oder der Petersdom in der Erde versinkt,
ob ein Reim noch hinkt
oder in Tönen von schimmernder Jade klingt,

ist einerlei.
Darum sei
gut,
habe Mut,
damit dir jeder Morgen auch Freude bringt.

Lichtblick

Aus dem Gewaber der Abgase
und über den tristen Blick des Parkplatzwächters
ragt still der Götterbaum.

Die Krähen haben ihn verlassen,
und seine roten Früchte
preisen sich nun dem Himmel an.

Autotüren knallen, und
Papiertaschentücher bedecken den Asphalt;
graue Gestalten husten in die Dämmerung.

Flüche tönen und kurze Grüße, niemand
nimmt ihn wahr. Dabei ist er der unangetastete
Schönheitskönig dieser Saison.

Aus dem Gewaber der Abgase
und aus dem tristen Blick des Parkplatzwächters
lächelt der Göttertraum.

Tanz am Rande
(an eine Schauspielerin)

Meist verfangen sich unsere Augen
im Vorübergehen, im Sologang, in der Kantine
oder auf der Hinterbühne: ein lächelndes Hallo.
Zu behaupten, daß ich sie kenne,
wäre eines Münchhausens würdig.

Sie: scheint zu tanzen mit der Welt,
wie ein begabtes Kind, das schnell und schneller
wechselt zwischen den Gefühlen -
ein stattliches Repertoire von Seelen fährt
durch ihren Blick in meine Heimlichkeit.

Als liebte sie die ganze Welt im Kind,
fällt sie - pausenweise, am Telefon -
zurück ins Selbst. Gewahr dem Überfluß
an Worten: Poesie, Witz, Plauderei,
gewahr des letzten Tangos: Einsamkeit,

erkundigt sie sich nach dem Vorüber einer
Klavierstunde.
Es ist ja nichts Geringeres als Leben
zwischen dem Geplauder bunter Masken!
Und ist doch nichts erhabener, als eben
jenes Tanzen zweier Seelen im Augenblick.

Wenn man Leuten zusieht

Wenn man Leuten
so beim Lottospielen zusieht,
wie sie hübsche Muster ankreuzen
und mit einem Lächeln
oder vielleicht einem kleinen Schwätzchen
auf den Lippen
freundlich ihr Geld über den Tresen
reichen -
man könnte schon glauben,
das Leben wäre ein Traum.

Wenn man Leuten
so bei der Arbeit zusieht,
wie sie der Kollegin auf den Busen glotzen
und mit einem Lächeln
oder vielleicht einem vertrauten Schwätzchen
auf den Lippen
nebenbei die halbe Abteilung
anschwärzen -
man könnte schon glauben,
sie wünschten sich eine bessere Welt.

Wenn man Leuten so zusieht,
könnte man glauben,
Leute sehen zu - während sie träumen -,
daß es ihnen besser geht.

Rhythmus

Ich stelle mir vor,
alle Wesen blicken, sofern sie das können,
unabhängig von ihrem Standort zueinander
in dieselbe Welt.
Anders gesprochen: Sie nehmen alle
irgendwie etwas wahr,
in dieselbe Welt;
sie nehmen nach innen wahr, in ihre
Veräußerung.
Was verbirgt sich in der Stille
hinter unseren Augen, Wahrnehmungen?

Es ist ein Wesen mit abermilliarden
Augen, Fühlorganen,
vertieft in ein Selbstgespräch.
Es liebt sich irgendwie selbst,
indem es - begehrt.

Seine fühlenden Teile reden,
indem sie fühlen, und -
sie kommen und gehen.
Es atmet,
die ganze Angelegenheit bleibt
spannend.

Schlaflied

Spätes Fernsehen ist wie Schäfchen zählen.
Du schaltest an und schaltest ab
den Alltag.
Vermutlich werden die Privatsender
Werbung einblenden
in die Nachrichten über den Ausbruch
des Dritten Weltkriegs.
An Schlaf ist noch nicht zu denken,
ebensowenig
an ein neues Automobil,
ein kreditgesichertes Eigenheim,
den Urlaub in der Karibik
mit oder ohne Traumfrau ...
eine Geburtstagsfeier im Schnellrestaurant
hingegen
wäre ein Alptraum.
Immerhin: Ich besitze einen Fernsehapparat.
Für den Film bin ich zu müde
nach der endlosen Werbung:
Spätes Fernsehen ist wie Schäfchen zählen.
Du schläfst auf dem Sofa ein
und erwachst
mit steifem Genick zum Gestöhne
des Idiotenpornos morgens um halb vier.

Zimmer im Herbst

Aus den Boxen fallen Töne von Grieg
in die Leere
zwischen den Dingen.
Rings um mich her ein Starren
lyrischer Stücke:
der neugotische Kerzenhalter;
die Flasche Sauvignon;
die Wolljacke, aus der schwarze
Handschuhe heraushängen;
das Fahrrad mit dem Ledersattel;
Goethes künstlicher Büstenblick;
alle in Schweigen gehüllt,
ein duldsames Publikum
meiner Stereoanlage.
Ich blicke in die Leere zwischen
den Tönen von Grieg.
Auch der Pianist ist schon lange tot.

Brücke im Winter

Sie zerfließt. Möwen kreischen in ihre Not.
Eine alte Hand entfaltet sorgsam Brot.

Zeitlos umklammert der Weidenbaum
diesen in Eis gegossenen Nebeltraum.

Jeder Blick ist ein Ertrinken
des Gemüts im fernen Wellenblinken.

Sie zerfließt. Schritte knarren im weißen Tod.
Ihr steht das Wasser bis zum Abendrot.

Zeitlos umklammert der Weidenbaum
diesen atemfrierenden Wolkensaum.

So viele Gesichter

So viele Gesichter,
blicken alle in eine Welt.
Man sollte meinen,
es genüge ein Schweigen von Blick zu Blick,
ein lächelndes Ersterben
der Selbstsucht:
Niemand ginge mehr allein
durch diese kolossale, kollektive
Einsamkeit.
So viele Augen, lasziv blickend,
traurig, haßerfüllt, freudestrahlend,
suchend, fragend, tötend
und unendlich selbstverliebt,
selten liebend.
Man sollte meinen,
es genüge ein kleines Wunder nur
zu entlarven der Meinungen
toter Sinn.

Nordwinter

Pilzgewucher auf Baumresten,
gestern noch.
Heute: Spuren im Schnee.
Am Ende der Fährte
ein zerrissener Hirsch,
Raben darüber.
Frierende Birken und perlende
Tropfen auf
reifgehärtetem Laub.
Schweigende Gerippe der Lärchen,
flechtenbehangen. Gefrorenes Moos.
Es senkt sich die ewige Nacht
über das Heulen der Wölfe.
Grüne, gelbe, tanzende Schleier
am Firmament
der kälteträumenden Einsamkeit.

Es ist alles da

Solange wir nicht unmittelbar fühlen,
daß wir leben,
die Kälte des Schnees, die Luft,
die wir atmen, durchatmen,
das Treiben und Wabern der einen Welt,
die wir durch unser Denken
zerstückeln,
solange wir nicht unmittelbar fühlen,
fühlen wir unsere Ängste
und Krankheiten.

Solange wir nicht unmittelbar sprechen,
was wir leben,
was wir fühlen, hören, sehen, schmecken,
betasten und riechen,
alle Freude hinausschreien und alle
Erniedrigungen, Feigheiten, Ungerechtigkeiten
aussprechen,
solange wir nicht unmittelbar sprechen,
sprechen wir ständig Lügen
und Selbsttäuschungen.

Unsicherheit und Furcht, Verdrängung
und Leid: das Maß der Distanz zwischen
unseren Gedanken und unserer
unmittelbaren, erlebenden Erscheinung.

Offener Brief in einem Satz

Es ist nicht wichtig, ob ich schöne Lieder
schreiben kann, es ist nicht wichtig,
ob ich eine ungewöhnliche
Tenorstimme habe,
es ist nicht wichtig, ob man mich bewundert
oder verkommen läßt,
es ist vollkommen nichtssagend,
wenn mich eine schöne Frau anlächelt
und einen Tag später absichtlich übersieht -

ich sehe wie du die Möwen aufsteigen über dem
Götterbaum,
auf Raubfang gehen,
wie du sehe ich das Gewimmel der Millionen
im Vorweihnachtsrummel
Träume spinnen, ich sehe wie du in das satte Grau
scheinbar unbedeutender Alltäglichkeit,
ich sehe wie du, und ich sehne wie du
dem eleganten Flug jener Möwen hinterher,
deren verwegene Konsequenz
nichts Unmenschliches in sich birgt -

ich werde dich eines Tages an mich reißen
im Taumel bösartig wirkender Unschuld,
ich werde dich nicht erobern, ich werde dich nicht
heraufbeschwören, du wirst
in den Strudel gerissen deiner eigenen Empfindung,
du wirst deinen Stolz vergessen und meine Beute sein,
ich werde dich zur Korona meines
Herzens machen, Welt, Alltag, Menschenfrau,
du wirst mir nicht widerstehen, denn
ich steige mit dir in den Himmel gleißender Illusionen,
und ich führe dich in den Abgrund klärender,
quälender Selbsterkenntnis -

es ist nicht wichtig, ob du mich heute noch
übersiehst, es ist nicht von Dauer,
wie du übersehe ich nicht die verborgene Schönheit
dieser eisglimmernden Kälte der Menschenherzen,
wie du erfriere ich nicht in furchtergrauter
Alltagsmanier,
stolz auf die eigene Dummheit, Hilflosigkeit,
es ist nicht wichtig, ob ich schöne Lieder
schreiben kann, es ist unbedeutend,
ob ich Tenor bin oder Hilfsarbeiter,
ich erfriere nicht in dieser vorübergehenden
Götterdämmerung,
ich sehe wie du den zuckenden Nerv
der bösartig bewußt gewordenen Verliebtheit,
aber ich töte nicht - meine Liebe -

ich folge meiner verwegenen Konsequenz,
ich verstehe das Geschwätz der Krähen im Winterbaum,
ich folge dem beständigen Größerwerden
meines nächstverbundenen Menschheitstraums,
sobald ich, dem offenen Fluge der Möwen nacheifernd,
auf Raubfang gehe.

Prioritäten

Die Pizzabude
zwischen Aids und Atombombe
ist ein Hit.

Die Fernsehshow
aus den Wäldern von Klopapier
hat Stil.

Die Karawane
am Rande des Ozonlochs
zieht weiter.

Dieser tödlich dumme Satz

Dieser tödlich dumme Satz:
Ich bin satt und will mich nicht beklagen.
Ich bin tot - und lebe stumpf,
aber laut. Ich denke positiv.

Wir haben schwere Zeiten, aber ich
habe meinen Doktor nicht gemacht,
um die Straßen zu kehren.

Solche tödlich dummen Sätze,
an denen man sich festhält, denen
man hinterherläuft. Ich denke
positiv und werde zum Mitläufer.

Es handelt sich dabei um eine Botschaft,
man verzeihe mir das.
Ich habe schon oft zum Besen gegriffen.

Ich versichere: Es ist gesund.
Wenn man solche Kunst beherrscht,
verliert man seinen Stolz - und
bewahrt sich seine Würde.

Im Aufzug

Drei Damen und zwei Herren:
Es war schwierig, sich nicht zu begegnen.
Warten. Sekundenstunden
bis zum vierten Stock.
Düfte von Parfüm, Rascheln
von Papier
in den Händen der einen:
Welten. Naserümpfen,
ich schielte nach ihrer Brust.
Verlegenes Grinsen, es schien,
als wollten die anderen
einfach nichts von mir wissen.
Ich dirigierte das flüchtige Schweigen.

Moderne Geister

Die von den fernen Planeten
haben soviel Verständnis für
die Probleme der
Menschheit,
daß sie niemals Kontakt aufnehmen.

Denn die Menschen suchen Streit.
Deshalb bauen sie riesige
Radioteleskope,
hoffend
auf Antwort von Außerirdischen.

Vielleicht läßt sich ja der
Kriegsschauplatz verlagern,
von der Erde weg
ins All:
Wollt ihr den totalen Krieg?

Die von den fernen Planeten
hatten Spione geschickt;
sie sahen sich Science-Fiction-Filme
an, lasen Bücher
und bemühten sich, möglichst

keine Spuren zu hinterlassen ...

An alle Mitarbeiter

Unheimlich, wie das Leben
am Schicksal des einzelnen vorbeirauscht.
Stehst alleine in dieser Fremde,
während Züge rollen,
Autoreifen quietschen, Rolltreppen
Menschen transportieren,
Computer surren, Soldaten mit
Sternen auf der Schulter
einen Staatsstreich vorbereiten oder
ein Volk auslöschen,
Bettler betteln, Politiker lügen,
Arbeitslose das Arbeitsamt stürmen ...

Du stehst alleine, allzu beschäftigt,
Wohlstand erkämpfend,
in dir selbst isoliert und fremd
deinen Nächsten - unheimlich,
wie du am Schicksal
deiner Mitmenschen vorbeilebst.
Dein Leben rauscht vorbei
in der Hoffnung auf eine bessere Zukunft,
fremd und allein.
Seltsam, wie das Leben an dir nichts
übrigläßt, nur graues Haar
über sinnloser Träumerei;
du arbeitest, um dir Raum zu verschaffen -
und gewinnst nur Raum für neue Arbeit.

Unheimlich, dieses unentwegte, mußelose
und oft genug geheuchelte
Beschäftigtsein: Wofür eigentlich
arbeitest du deine Jahre dahin?
Ach so, du hast eine Miete zu bezahlen,
eine Rente zu gewährleisten und
eine Familie zu ernähren;
also für diese Selbstverständlichkeiten
opfern wir unser Leben den Besserverdienenden,
Besitzenden, das Unternehmerrisiko in
vollen Zügen Auskostenden.
Vielleicht auch ist heutzutage
einfach alles zu teuer.

Dichtergeschick

Vor dem Walde in einem Tal,
tandaradei,
entlang der blühenden Aue, berstend
von Blumen und Klee,
sitzt Walther von der Vogelweide,
neben einer Bettstatt von
Rosen. Er besingt:
die Schönheit aller Frauen,
die Erhabenheit der Natur an sich
und die Reinheit echten Glaubens.
Das war so manchem Pfaffen schon zuviel.

Heute dagegen muß ein Dichter
seinen ganzen Mut aufbringen, will er
öffentlich zugeben:
daß er an etwas glaubt,
daß er die Weiblichkeit an sich verehrt und
achtet, daß er
in der Natur nicht bloß Zerstörung erkennt.

Nun, ich sah so manche blühende Wiese,
durchwanderte geheimnisvolle Wälder,
während mich der moderne Zynismus
mit seiner gegaukelten
Realitätsbezogenheit einfach
nur noch ankotzt.
Wer die Welt nicht mehr schön finden kann,
der sieht auch keinen Grund - sie zu
bewahren.

Bar aller Traumseligkeit
sehne ich mich nach einem Frühling
unter der Linde des Herrn Walther.

Schauspieler?

Eigentlich ist jeder Mensch
ein Schauspieler,
denn alles ist spielbar -
nachvollspielbar;
die Summe unserer Gefühle
ist der Einsatz. Allerdings
beherrscht der Normalbürger
nur zwei Rollen:
eine tragische, das ist die,
welche man ihm eingeredet hat,
als er noch ein Kind war
      und
eine komische, das ist
sein Versuch, das Beste daraus
zu machen.

Drei Komplimente
an die Ewigkeit

Mein letzter Wunsch?
Zu lächeln, wenn ich sterbe
oder
einen Liebesbrief von der
Zwetajewa bekommen.

Auf Babettes Fest
bleibt die Köchin unsichtbar,
ganz wie
hinter den Zeilen die wahre
Schönheit der Dichterin.

Unter die Augen
der Ebner-Eschenbach geraten:
Das Buch
deines Lebens verwandelt sich
in einen einzigen Satz.

Die Vertreibung
aus dem Paradies

Stille
Düfte von Frühling
Kornblumen himmelblau
roter Mohn
Rehe auf der blühenden Wiese
knabbernd an
Hirtentäschelkraut
Schachtelhalm geduckt
am Rande des Zauberhains
leichter Nebel im Laub
streut Morgenlicht
wie in Spinnweben gefangener
Tau   ein Schuß
               dampfendes Blut Gelächter
               in der Ferne
               wabernde Abgase Kühltürme
               einer Metastasen ähnelnden
               Industrie

Dekadenz

Die Menschenwelt ist eine etablierte,
wir stecken in Gewohnheit wie in Schlamm.
Köpfe ragen, steinerne Gevierte,
aus Arbeit, Sorge, Pflicht, Programm.

Man kommt nicht weiter ohne Reisebrief
und dreht sich in Problemen - wie in Wein
Kristalle schimmern, und wir sinken tief.
Wer Geld hat, baut ein Haus und schließt sich ein.

Die Liebe ist erstarrt in Ja und Amen,
man warf sie hin wie ein verschmutztes Hemd.
Als Kapital und Wohlstand zu uns kamen,
da ging die Liebe mit sich selber fremd.

Die Menschenwelt ist eine etablierte,
wir wissen nichts von schlichter Heiterkeit.
Köpfe ragen, steinerne Gevierte,
und träumen müde von Unsterblichkeit.

Vorfrühling

Heute wäre ein schöner Tag,
um ein Sonett zu schreiben,
den Job zu schmeißen
oder sich
von der Geliebten zu trennen.

Heute ist einer jener Tage,
die ganz kalt sind vor
lauter Wärme.
Ich stehe am Rande des Frühlings
und warte auf den Schnee.

Ich frage mich, ob die
Tage nicht deshalb länger werden,
weil Hoffnung
aus den Menschen sprießt wie Krokusse
vor dem Zertretenwerden.

Golfkrieg

I
Satellitenschüssel:
ein kaltes Wort, geeignet,
den Menschen Träume zu
schicken ins warme
Wohnzimmer.

Abgasuntersuchung
könnte man jene Bilder
nennen, von Soldaten
in Abendsonne
und Wüstenstaub.

II
1998: Es ist wieder soweit.
Wird man uns einen Krieg
verkaufen
wie einen schlechten Film?

Es war in diesem Jahr um Aschermittwoch,
als ich gegen Mitternacht meines ersten
Starenpaares gewahr wurde ...

Vogelhochzeit

Ich kam aus der Kneipe,
und in den Ästen der
weitverzweigten Kastanie
erhielt der erste Star dieses
Februars eine Antwort
auf seinen schneevertreibenden
Gesang.
Glücklich, dachte ich, wessen
Fragen so einfach sind,
daß sie eine prompte Antwort
verdienen.

Faschingsdienstag

Nur Narren denken,
daß sie bloß einmal im Jahr
närrisch sind. Masken
verzerren die Masken des Alltags.
Ich wünsche mir Flügel,
mich zu verwandeln in einen Star,
singend im noch ungeborenen
Grün der Zweige.

Feinfühlig

Liebe geht durch den Magen,
so sagt man.
Meine Verdauung: wie das Wetter,
schon seit Wochen
unbeständig. Naja, alles muß mal
ans Licht, so sagt man,
nach Möglichkeit - licht.
Vielleicht auch hat die
Fastenzeit etwas zu tun mit
den Frühlingsstürmen.

Gegengebet

Der Mensch offenbart sich in seinen Fehlern;
die Drohne mit dem Verstand
einer Maschine
offenbart sich in der Perfektion.

Furchtschwangere Kompetenzen
funktionieren,
während sie mit amoralischer Präzision
Gefühle häckseln wie Stroh.

Vollkommenes geht in Flammen auf,
zur Freude der Nachgeborenen.

Es hatte kleine Fehler.

Gipfelkreuz

Rauh pfeift es von jenen Höhen
der Unerreichbarkeit,
man wird ja so leicht abgelenkt.
Träumst du einen Moment, bläst schon
ein Wind an deine Seitenscheiben.

Du gerätst aus deiner Spur, obwohl du
sie vor dir siehst, die gerade Chaussee,
Straße des Glücks.
Bäume warten geduldig auf dein
Ende, Pappeln, Buchen, oder
wer etwas auf sich hält, fährt
gegen eine Eiche.

Wer ein Held sein will,
muß die großen Winde geradezu
heraufbeschwören: Boreas, Passat
oder Mistral, weniger tut es nicht,
und du mußt mit erzwungenem Lächeln
dagegen ansteuern.

Rauhpfiff wird schließlich Rauhschliff,
bei höchster Dunkelziffer;
die Winde aus den Höhen der
Unerreichbarkeit
formen dich zum Monster oder zur
Persönlichkeit.

Es sei denn, du läßt dich
von deiner Umgebung derart glätten
und liften, daß du eines Tages
den optimalen
cw-Wert erreicht hast.
Die Landstraße wird dann wieder zur Geraden.

Du fährst als gottbegnadeter Galgenvogel
schneller deinem Ende entgegen.
Manchmal auch lebst du schon
gar nicht mehr,
während du gesteuert wirst -
durch deinen tigerfarbenen Hinterhof
der Banalität.

Warum die Jahreszeiten
nicht mehr schön sein durften
(vier berühmte Beispiele)

Vom Eise befreit?
Strom und Bäche vielleicht,
aber noch lange nicht die Herzen.

Und frische Nahrung
mangelt der hungernden Welt,
neues Blut fordert der ewige Streit.

Herr: keine Zeit!
Unruhiger wanderte niemals einer
durch die Hektik des Geldverdienens.

Keiner will etwas wissen vom andern,
jeder wundert sich, warum
er allein sei.

Egokratie

Neuorientierung
der Gesellschaft: Hilflos
starren die Alten.

Zarte Mädchenhände
drücken
Zigaretten in zarten Gesichtern
aus, sie haben bereitwillig
den männlichen
Schwachsinn übernommen.

Gewalt,
die Antwort auf Blicke,
Turnschuhe oder Hemden
eines anderen;
Eifersucht und Neid
als Straßenkultur, jeder
nimmt sich, was er kriegen
kann.

Neuorientierung
der Gesellschaft: sinnleere
Träume aus einem
Videoclip.

Aber natürlich!

Natürlich fühlst du dich leer,
so angefüllt mit Oberflächlichkeit, mit Erwartungen,
das Leben müsse dir etwas zu bieten haben;
natürlich fürchtest du das Alleinsein,
so ewig auf der Suche nach Ablenkung,
natürlich.

Wie solltest du verstanden werden,
da du dich selber nicht kennst und verstehst,
ewig schwankend im Meer deiner Gefühle
und im Halbschatten deines weit unterschätzten
Unwissens?
Natürlich fühlst du dich unverstanden.

Natürlich geht dein Partner
niemals genügend auf deine Bedürfnisse ein,
denn es erscheint ihm unmöglich, perfekt
im Bett zu sein und perfekt zu sein auf dem
frisch gebohnerten Parkett brillanter
Unterhaltungen.
Natürlich erwartest du körperliche und
geistige Erfüllung in einer Person,
denn du bist der einzige vollkommene Mensch,
wir anderen sind lediglich Opfer
deiner Herzensgüte.

Vielleicht auch gibst du nur dann
Zärtlichkeiten, wenn du selber welche erwartest ...

Woran glaubst du eigentlich?
Aber natürlich! Du glaubst an die Liebe.

Kluge Fee

Tausendsassa's
Schmuckkästchen enthält viele
leuchtende Worte, wahre Tränensteine
und unwahre,
harmlose Schönheiten.

Seinen Lippen entströmt die Morgensonne
über den Alpen, seine Worte:
Wildblumen im Zaubergarten,
Honigtau,
Herzblut und Liebestod, die leibhaftige
Auferstehung eines Verführenden.

Tausendsassa's
Schmuckkästchen öffnet sich einzig
den Verliebten, Schlaftrunkenen,
denen ein Peitschenhieb
vorkommt wie die sibyllinische Krönung
einer gleißenden Nacht.

Doch mein rasendes Herz:
eines einsamen Teiches Wellenblinken
im Abendsonnenschein.
Leider wird das nichts mit uns,
Tausendsassa.

In dulci jubilo

Daß es niemals anders war,
macht die Sache keineswegs leichter.

Ich ersaufe in meiner Arbeit
und erlebe das „Theater des kleinen Mannes"
lediglich in den Sprüchen
meiner Kollegen.

Der Weg zum Erfolg sei dornenreich,
voller Entbehrungen?
Ein bunter, aufgeblasener Luftballon
mit der Aufschrift „menschenverachtend",
Dummheit in Großbuchstaben.

Der Weg zur Erkenntnis
ist auch für die demokratisch wählende
Mehrheit nicht existent (jeder,
der dies liest, wird sich kopfnickend
davon auszunehmen wissen).

Ein Star wird geboren im Marionettentheater.
Er ernährt sich nicht gerade von Heuschrecken
und wildem Honig -
übernimmt sich jedoch mit Vorliebe
an wiedergekäuten Weisheiten.

Kreischende Mädchen und coole Jungs
fallen reihenweise
in eine ohnmächtige Welt.

Daß es niemals anders war,
macht die Angelegenheit keineswegs
ehrlicher.

Hokusai

Jene Woge Gewalt,
als stürzten Myriaden taumelnde Sterne
hilflos ineinander,
tosend vor der lächelnden Stille des Fuji.

Längst verschlungene Boote
atemlos kämpfender Ruderer;
greifende Hände aus Wellenschaum,
kurz ist das ewige Leben.

Ein fraktales Drama
in sich endloser Einheiten, Sternstunde
bewegter Herzen im Daseinskreis;
stilles Lächeln des Meisters.

Heranwachsend

Das Teuflische am Leben?
Man kann seine Kinder nicht vorher fragen,
ob sie überhaupt geboren
werden wollen.
Man erwartet von ihnen, daß sie leben.
Und niemand
will ihre bedeutendste Frage hören:
Warum?
Ich sah heute Blütenzweige schwanken
im Frühlingswind.

Künstlerzukunft

Niemand macht einem Mut,
in meiner täglichen Arbeit überwiegen
die Gedankenstriche.
Bedeutungslos wurden alle
stolzgeschwellten Ausrufezeichen.

Denn einen Gott sich erdenken
ist die Sache der Göttlichen;
das Volk erschafft sich Götzen,
Spitzenverdiener,
die Ausgestorbenen zu verleugnen.

Der Himmel: ein zersprungener Spiegel.

Arme Schweine

Die ärmsten Schweine,
millionenschwer,
suhlen sich im Schmutze
ihrer Einbildung.

Sie sehen wirklich gut aus
und haben schlicht vergessen,
daß sie vollkommen unbedeutend sind.
Weit entfernt
von der Schönheit einer Lotosblume,
schwimmen sie in Tümpeln
blinder Begierde.

Alle wollen so sein wie sie,
weshalb die Gesellschaft
letztendlich
eine ziemliche Schweinerei darstellt.

Die ärmsten Schweine
berauschen sich an sich selbst.
Sie fressen ganz einfach,
was ihnen im Wege steht.

Gleichnis

Wußtest du,
daß es Moostierchen gibt?
Sie leben in transparenter Schönheit
in Tümpeln und Bachläufen, haftend
an der Unterseite schillernder
Wasserpflanzen.

Ihre Tentakelkränze
wabern in eine bewegte Welt,
die sie nicht weiter wahrzunehmen
scheint.
Sie werden im Frühjahr geboren
und sterben im Herbst.

Was meinst du,
ob solche Moostierchen
in ihrer scheinbaren Bedeutungslosigkeit
glücklich sind?
„Moostierchen haben kein Bewußtsein",
wirst du darauf antworten.

Ich aber sage dir: Sei einfach da.

Unter Spinnen

Aufgrund allseitigen
Einvernehmens
ließ sich das fein säuberlich
eingesponnene Gewöhnliche Blutströpfchen
widerstandslos aussaugen.

Er hatte geweint.
Ein Mann!
Er muß wohl betrunken gewesen sein.

Aufgrund einstimmigen
Beschlusses
war in der Familie der Kreuzspinnen
ein gewöhnlicher Schmetterling
nicht zu dulden.

Karte aus Rügen

Der Blick von den Kreidefelsen
auf das grünlich schimmernde Meer
macht die obskuren Nebel dieses Märzes
noch unsichtbarer.

Ich erinnere mich schlagartig
an meinen letzten Aufenthalt.
Damals, beim Anblick jener grölenden
Schulklasse
und jenen in die frische Seeluft
faselnden Lehrkräften,
wäre ich am liebsten heruntergesprungen
von dieser mitreißenden
Romantik.
Hand in Hand mit Caspar David.

Der Blick durch das noch grünlose Gestrüpp,
herunter von den Kreidefelsen
auf das leiser tosende Meer
macht mich neidisch auf die Wirklichkeit
der Nichtsaison.

Ich spinne mir eine stille Liebe,
mit verstorbenen Dichtern
wandele ich durch verzauberte Buchenwälder.
Sie quellen über die Bruchkanten
der Steilufer
und bremsen die Winde meiner Erinnerung.
Ausgewaschene Wurzeln,
der Alltag ewiger Schuldzuweisungen;
mein tägliches Erlebnis
in den obskuren Nebeln dieses Märzes.

Reiseerlebnis

Sie hatten die gesamte Altstadt saniert
und wohl die kleine Gasse
übersehen,
in der die Zigeuner wohnen.

Spielende Kinder im Abfall
der reich Gewordenen.
Ein kleiner Junge mit dem Blick
eines Kriegers und
der Haltung eines Königs weist
uns den Weg zurück zur Hauptstraße;
er spricht kein Wort und dennoch Bände,
sein Zeigefinger gebietet
unserer Neugier eine rasche Umkehr.

Sie waren zu oft schon doppelte
Opfer. Mitleid:
eine Peitsche mit goldenem Knauf.

Nachsicht

Unnachahmlich:
das Lächeln unseres Hundes.

Wir folgen ihm wohlerzogen,
begleiten ihn aufs Klo
und servieren ihm seine
auserlesenen Mahlzeiten.

Er bedankt sich nicht und
wird geliebt.

Man müßte ohne Gewissen sein,
mit Unschuldsmiene und Silberblick;
dann wissen unsere Opfer nicht,
was sie tun.

Vogelgräber

Das kleine Mädchen im Stadtpark,
es stolpert lachend in die Arme der Mutter
und weiß nichts von meiner Kindheit
am Rande der Wälder, unter den
langsam kreisenden Schwingen der
Gabelweihe.
Es liebt die blühenden Kirschen am Spielplatz
und fürchtet
Wölfe aus Märchenfilmen.
Ich liebe in ihr meine eigene Blütenzeit
und die aller Vorangegangenen -
Kind sein,
erschrockenes Fallenlassen wurmbewohnter
Himbeeren
im Zeichen der fauchenden Wildkatze,
Bimmeln der Straßenbahn.

Evolution

Höchste Geschwindigkeit: Stillstand.
Die Evolution und ihre Anfänge, Revolutionen
im Kern der Atome.
Wirbelnde Sternenhaufen um schwarze Löcher,
interstellare Staubwolken
verdichten sich zu Planeten, Bilder
von großer Schönheit: das Leben,
von Ketten aneinandergereihter Nukleinsäuren
über das gesprochene - und geschriebene - Wort,
bis hin zum Kollaps unserer Sonne
unter dem Druck ihrer eigenen Schwerkraft:
Bilder deines verblassenden Jetzt.
Die Vergangenheit ist eine sich
auflösende Spur deines Selbst.
Die verwirrende, rastlose Bewegtheit
des Universums: Sie gründet in der Ruhe deiner
Betrachtung.
Absolute Bewegung: ein Innehalten.
Die formulierte
Wirklichkeit: ein Widerspruch.

Realisten

Ihr Unverstand
ist ihnen unbegreiflich.

Folgerichtig sind alle Gedichte Müll,
das quantenmechanische Atommodell
oder Zwölftonmusik: nichtssagend,
langweilig bestenfalls.
Chopin und Beethoven: vermodert.
Opernsänger sind Schreihälse.
Und Buddhisten? Das sind doch
diese Typen, die an Wiedergeburt
glauben: Mittelalter.
Die Liebe? Eine Illusion. Immerhin
eine abstrakte Aussage.

Sie glauben mit Überzeugung an Ufos,
die sie in leichtere Träume entführen.
Sie sind Realisten,
ein Arztroman ist etwas Handfestes,
ein Kreuzworträtsel schärft
ihren Verstand
und ihr Horoskop verheißt ihnen
eine erfolgreiche Zukunft.

Kolibri

Ich habe den Kokon verlängert.
Ich wollte verstehen die Unglücklichen
und die Gescheiteren, meist bösartig Guten.

Das warme Dach meiner Eltern
überragt den kalten Alltag des
Dreißigjährigen;
schwebend auf Gipfeln der Phantasie
niste ich im Absinth.

Ich singe mir den Saft aus den Wurzeln.

Probleme entstehen,
weil man etwas darstellen will;
sei ein Niemand, sage ich mir,
erkenne den Zauber deiner Vergänglichkeit,
und dir gehört die wahre Welt:
Es ist die einzige Schönheit
deiner Lebensfreude.

Fortsetzung folgt

Seit sich meine Großmutter nicht mehr
von mir wecken ließ
und ich ganz offensichtlich nicht
von dieser Erde verschwand,
jenes dennoch sonnigen Morgens,
weiß ich,
daß es ein Leben nicht nach dem,
sondern im Tode gibt.

Ein Organismus wächst heran,
ein Baum, eine Blume, ein Haus,
ein Wald, sogar eine ganze Stadt
wächst und natürlich auch
ein Bewußtsein.

Es baut sich was zusammen,
gewissermaßen.

Und es wird nach mir jemanden
geben, der das Ganze
so ähnlich sieht.

Nicht mehr aufzuhalten ...

Gestern noch waren es
im leichten Wind auf und ab schwebende
Artischockenherzen;
heute möchte man sie beinahe niedlich
nennen, die aus den Knospen geplatzten
Blätter der Roßkastanie.

Lässig wackeln Krokus und Schlüsselblume.
Die Vögel überflöten sich gegenseitig,
allen voran
die fette Amsel, der wahre Star
unter den Sängern.
Wildgänse grölen die Nordlandsaga.

Die Weiden verspritzen Gelb und Grün.
Schatten huschen wieder über die Wiesen,
lungern auf Treppen und Mauern
und schwappen in schmatzenden Tönen
an bemooste Ufersteine und
Brückenpfeiler.

Die Stimmung ist allzu blau.
Eine Oma
macht ihrem Enkelkind Vorwürfe;
der Himmel, gestern noch eine unbewiesene
Behauptung,
heute ist er nicht mehr wegzudenken.

Das Bildinnerste

Frieden?
Du sprichst von den Gesängen
orthodoxer osteuropäischer Mönche,
einem im Abendrot widerklingenden Byzanz,
einem in diesem Zeichen sieghaften
Kammerchor -

Frieden?
Du meinst in der Mitternachtssonne
hinziehende Rentierhirten am Rande
der Tundra, eisklare Seen und
hundertjährige Kiefern und Birken
im goldenen Wind -

Frieden?
Du denkst an die vollendete Einsamkeit
unbestiegener Gipfel im Himalaja,
nackte Brahmanen im Schnee an der Gangesquelle,
spindeldünn und langbärtig, oder
denkst du an die Weite der Ozeane?

Frieden,
das gemeinsame Grab von Romeo und Julia.
Der rechte Abstand zu den geschäftigen Dingen
der Welt oder die überwundene
Leidenschaft.
Frieden: Ich schreibe ein Gedicht.

Kreislauf

Die Segnungen der modernen
Technik müssen versteckt sein
in der unüberschaubaren Vielfalt
von Tasten und Knöpfen meiner
Fernbedienung
oder im einzigartigen Dreh der
endlosen Funktionen meiner
Waschmaschine.

Eine Kuh soll Klavier spielen.
Das makellose Altsomalisch
der Bedienungsanleitungen bedarf
eines Reißwolfs;
allerdings kann ich mir das
Studium nicht leisten, das nötig
wäre, um diesen wiederum
anzuschalten.

Zukunftsmusik

Im großen intergallaktischen Krieg
zwischen den Waschbrettbäuchen
und den Bierbäuchen
siegte
die Popgeneration,
knapp vor der Autoindustrie.

Im Zuge fortgeschrittener Gleichberechtigung
übernahmen Hologrammwesen die Macht:
Sie konnten sich nach Belieben
umprogrammieren
und wenn sie es allzu bunt trieben -
ausschalten.

Schwerter zu Pflugscharen?
Kinder an die Handfeuerwaffen!

Ich fühle mich - schwach!

Ganz natürlich wirkte
auf die junge Generation das Supermodel
(sie starb an einer wohldosierten
Mischung aus Magersucht und Heroin).

Ganz natürlich auch die Muskelpakete
des Filmhelden (er hatte Potenzprobleme
und raste mit 250 km/h gegen einen Baum
voller wunderschöner Anabolikablüten).

Alles war so natürlich wie die Tatsache,
daß allerorten ein Tier das andere
auffrißt: Ganz natürlich also
das Recht des Stärkeren.

Nur die Härtesten kommen durch!
Nimm, was du kriegen kannst!
Saufen! Ficken! Kohle machen!
Aber mit Verstand - natürlich.

Ganz natürlich diese Welt
endloser faschistoider Machoparolen
im Gewande demokratischer
Selbstverständlichkeit.

Morgenstimmung

Lichtfäden überfielen mein Herz,
ich sprühte Wasser in die zahllosen Blätter
der Wachsblume.

Meine Freude ist so kindlich
wie die Wahrheit dieses einfachen Geschehens:
unsichtbar, still, gegenwärtig.

Perlen tropfen vom anregenden Grün,
des Plotins glänzende Augen,
sonnenhaft - weltverbindend.

Duften der feuchten Blumenerde:
den Blinden
eine nichtssagende Angelegenheit.

Unterbrechung

Das schleifende Kreischen eines Keilriemens
holt mich aus den Träumen zurück.
Zärtlich fingert der Regen an die
Fensterscheibe,
wenigstens ist es warm unter der Decke.

Es existiert keine Geliebte,
ich habe mir meine Qualitäten niemals
unterschreiben lassen.
Vielleicht auch nehme ich zuviel wahr.

Der Regen prasselt mich wieder in den Schlaf.
Das Geräusch durchfahrener Nässe
verwandelt sich in die hübsche Dame
von nebenan.
Manchmal noch knallen Autotüren.

Wettersturz

Eine Krähe kommentiert mißmutig
das Schweigen der Blüten
unter der Last des unvermuteten
Aprilschnees.

＊

Morgen will sie wieder strahlen,
die Magnolie in ihrer duftenden Pracht:
Heute jedoch spielt sie Nebelhexe.

Blicke

Der Blick auf meinen Schreibblock:
Ein unbeschriebenes Blatt
sehnt sich nach - Leben.

Ich gebe mich seinem Drängen hin
und denke an die Augen jener Schönen,
die mich ohnehin nicht mehr
loslassen.

＊

Ich hörte die Osterglocken läuten.
Kleine Narzisse:
Betest du nur dich selber an?

Sie war der menschgewordene Frühling.

Armut

Es gibt Millionäre,
die gönnen einem Bettler nicht
sein Butterbrot, wenn es
noch keinen Schimmel angesetzt hat.

Ebenso gibt es Vorgesetzte,
die hassen es, wenn ihre Untergebenen
nicht ununterbrochen beschäftigt sind.

Diese Leute kann man vernichten,
wenn man
im Leiden zu lächeln vermag.

Der Mensch
wähnt immer andere
auf der Sonnenseite des Lebens,
weil er
sich selber im Lichte steht.

Sage nichts

Sage den Menschen,
daß sie auf ihr Herz hören sollen,
sie sollen ihre Gefühle herauslassen -
und schon bald toben
ihre furchtbarsten Leidenschaften.

Sage den Menschen,
daß sie ihren Verstand gebrauchen sollen,
sie sollen vernünftig sein -
und schon werden sie klug,
hinterlistig und egoistisch.

Du stehst immer dazwischen,
sehend sein heißt einsam sein.

Und doch bist du es wahrscheinlich
nicht, der etwas sieht.

**Man sollte mal wieder
seine Blumen gießen ...**

Freude: eine Rose
blüht auf meiner Nase.

Schmerz: eine Rose
wächst in meinem Herzen.

Leben: Rosen züchten.
Sterben: Rosen verkümmern lassen.

Lebende Tote heften sich
eine Plastikrose an die Nase
und machen Sex.

Andere legen ihr Herz in den Gefrierschrank
und behaupten,
es gäbe keine Rosen.

Die einen verkommen
und die anderen verhärten.

Jedoch die Liebenden - verblühen.

Frühlingsstürme

Aprilschauer, in denen der Winter ersäuft
wie Mäuse in Eimern mit flüssiger
Schokolade;

allzu süß ist die Vorfreude der Eisblöcke,
sich als Herzen verbrennen zu lassen.
Bald schon baden die Nymphen der Städte
im siedenden, brodelnden Asphalt.

Bald auch taucht der verschwommene Blick
der Verliebten in die
kühlenden Schatten flimmernder Erregung.

Bald! Bald! Wartet nur, bald ...
Vorne beim großen Parkplatz spielen Kinder
an der Pfützen endloser Meeresweite, den
verlorengeglaubten Blüten zum Trotz.

Aprilschauer, die Wasserscheide von
Licht und Dunkelheit. Doch die
Schreie der Sehnsucht
ersterben in vorausgeahnter Süßigkeit.

Wolken, in denen der Winter erstickt
wie die Liebe im Wünschen und Wollen
unreifer Herzen.

Weg des Zen

Die Natur meines Geistes ist die grenzenlose
Leerheit des Todes.
Nur in ihr finde ich innere Ruhe.
Sie ist Urgrund der unaussprechlichen Schönheit,
Vielfalt meines Lebens;
alles ist Form und Leere, Leere und Form.

Wie könnte ich in der Leere etwas finden?
Ich habe nicht gesprochen,
es gab niemals einen störenden Gedanken.
Ruhe ist nicht schön,
und der Tod ist nicht meine Geistesnatur.
Was ist Form? Ich weiß es nicht.

Gefragt, warum er lächele, zerbricht
der Meister seinen Bleistift.

Verstand?

Die Logik der Phantasielosen,
du weißt schon, diese Logik von A nach B,
heißt man voreilig
einen „gesunden Menschenverstand".

Hat ein Zebra wohl
weiße Streifen oder schwarze?

Vielleicht ist dein Kopf
bloß ein dicker weißer Strich,

während ein wahrer Dichter
jede Lüge bemerkt,
ohne dabei verrückt zu werden.

Daß manche verrückt werden,
liegt oft genug
an der höchst ansteckenden
Krankheit Normalität.

Abschiedsbrief

Meeresrauschen,
entführt in meine Erinnerung:
Kiefernnadeln, Ölbäume
und Düfte von Salbei, Thymian wachsen
in blauer Hitze, verschweißen das Hemd
mit meiner salzigen Haut.

Immer weiterkommen wollen, indem
man sich der Hilfe anderer bedient,
Beziehungen aufbauen, eingehen,
von denen man sich ein Prestige
verspricht: ein fragwürdiges
Vorwärtskommen, ein schubweises
geistiges Stehenbleiben.

Wie das Meer steht, wenn der Wind steht,
wie der Himmel, an sich selber besoffen,
alle Tätigkeit in seiner Hitze erdrückt,
wie die Segel der Touristenschiffe
den Duft von Abenteuer nur billig
vortäuschen.

Es kann sehr schön sein, hier
an den bewegten Küsten, wenn man den
Horizont als einen Schlußstrich begreift.
Es riecht nach Salz, nach totem Fisch
und Schlick in den Netzen
der Vergangenheit.

Meeresrauschen,
geliebt in meiner Erinnerung:
Kiefernnadeln, Ölbäume
und Düfte von warmer und weicher Haut
sind verblaßt, denn ich kann sie dir
nicht bieten, die glänzende Zukunft
in ruhmreicher Dekadenz.

Der Himmel ist weit, Geliebte,
Wolken gibt es hier nicht. Man könnte
beinah meinen,
ich wurde schon frei geboren.
Meeresrauschen,
ich durchpfeile eine glückliche Zeit
bei den Delphinen.

Volkskörper

Als die Zigarettenreklame
verboten wurde,
da dachte Vater Staat sicher nicht
an die Gesundheit seiner Kinder.

Ihre Vergiftung
rechnete sich nicht mehr positiv;
der Lungenkrebs,
relativ günstig zu erwerben,
garantiert leider kein schnelles
Dahinscheiden: Er wurde zur
Luxuskrankheit.

Und welcher Herrschende
zahlt seinen Untertanen schon ein
schleichendes Staatsbegräbnis?

Sodbrennen

In einem Gläschen Weinbrand
spiegelt sich
ein ganzer Sonnenuntergang.

Wenn so ein nichtssagender, jedoch
ermüdender Arbeitstag sich in der Kehle
verliert,
schmeckt man die bittere Erde
und träumt von der ach, so süßen Sonne,
die sie angeblich geküßt -

ich fand ihn nicht, der in die
Hände klatschte vor lauter Begeisterung
über meine Talente.

Ich fand bloß Arbeit. Immerhin.
Und ein rötlichbraunes Glänzen im
Kognakschwenker.

Regengänge

Eine Schar lachender Regenschirme
entlang der Isarbrücke,
ein trauriges Kind:
Schwermütig im Frühling?
Kein Wunder, daß es regnet!

*

Die Bäume nach dem Regen:
blütenrein wie der Tod.
Schuld oder Unschuld hat es
niemals gegeben;
alles war nur ein Lichtspiel
wechselnder Farben.

*

Keine Post
zwischen den Feiertagen ...
in mir wächst die Sehnsucht
nach einem fernen Land.

Kleines Liebesbrevier

Weil mein Liebling keine Zeit hat,
beschläft sie ein anderer.
Nebenbei zu lieben ist modern
und unverbindlich.

Seltsam genug:
Man liebt sich, ohne zu lieben.
Man liebt sich am Leben vorbei,
man liebt sich noch zu Tode.

Wenn man liebt, ohne zu lieben,
liebt es sich angeblich leichter.
Man erliebt sich einen Vorteil.

Wenn man nicht erkennt,
daß man nur sich selber liebt,
hat man sich schon verliebt.

Schaut in den Spiegel,
ihr Leistungsgestörten:
Hört ihr die Schweine grunzen?

Gesang aus dem Nebenher - I

Eine seltsame Gesellschaft,
die unter ihren Mitmenschen beständig
unterschwellige Versagensängste
hervorruft ...

Der programmierte Erfolg der Erfolgreichen
läßt sich auf diese Weise noch besser
verkaufen: All die dummen,
lärmenden, perversen Klischees von
Männlichkeit,
all das hektische, vulgäre, entwürdigende
Abhetzen und Hinterherrennen
nach Titeln, Geld, Macht, Ansehen, Sex, sowie
eine mit Bildern von nackten Frauen
verkleisterte Welt.

Meinungsfreiheit, Pressefreiheit,
künstlerische Freiheit, Selbstverwirklichung werden
zu Werkzeugen einer habgierigen Industrie,
die das Recht des Stärkeren
viehisch auslebt.

Ihre Macht nötigt uns,
das Geld anzubeten, wir müssen es uns verdienen,
wir müssen im Wohlstand überleben -
und gemeinsam haben wir sie vergewaltigt,
die Gedanken von Schiller, Goethe und
Beethoven, von Dostojewski und Emerson,
ach, die Liste ist endlos,
von Jesus einmal ganz zu schweigen.

Gleichberechtigte Frauen
haben noch immer zu gefallen,
ihnen wird noch immer weisgemacht,
das wäre ihr vorrangiger Lebenszweck ...
Wie wollten sie da gleichberechtigt bleiben
und - aufrichtig?
Wir haben die Menschlichkeit zur Hure erklärt.

Ich dachte stets,
der Mensch solle sich in erster Linie
selber ins Gesicht sehen können, doch
wer hierzulande nicht ins Muster paßt,
wird weggeprüft.

Eine seltsame Gesellschaft,
die unter ihren Mitmenschen beständig
Versagensängste hervorruft -
eine Gesellschaft,
die in ihrer Menschlichkeit zu versagen droht,
zugunsten
der Meinungsfreiheit einer kranken Masse.

Gesang aus dem Nebenher - II

Ich wurde geformt aus Ton,
von euren Händen, zart und schwielig,
und wurde um eure Herzen gebrannt -
ich wurde vergessen,
weil ihr mich für selbstverständlich nahmt.

Ich wurde das Opfer eurer Leidenschaft
und bin doch die einzige Frucht eurer Mühen.
Welcher Töpfer
zerschlägt seine eigenen Krüge?
Ich bin der Sinn des ganzen wirbelnden
Irrsinns eurer Zügellosigkeit.

Menschen gibt es,
die hören von Liebe reden
und nicken viel mit ihren Köpfen -
sie sehen eine Seele weinen
und finden das schön.

Jeder meint,
die heutige Zeit sei zu schnellebig,
jeder meint, seine Zeit vergehe zu schnell.
Warum lebt jeder nicht
einfach bewußter, langsamer,
einfacher?

*

Die meisten Menschen hören von Liebe reden
und nicken, oft viel zu schnell! mit ihren Köpfen.
Sie flüchten in den Alltag,
aus der Langeweile in die Ablenkung
der Geschwindigkeit, die sie für ihre Zeit halten.

Als Gottes Ebenbild gegen Lehm allergisch wurde,
da leugnete der Mensch seine Herkunft,
berührte das Leben nicht mehr,
wurde blind für sein eigenes Werk und verkaufte
seine Schwäche, Halbherzigkeit und Untreue
als Liebe: Er verliebte sich in sich selbst.

Ich bin der Sinn eures sinnlosen Seelevernichtens,
Naturvernichtens, ich wurde vergessen,
weil ihr mich für selbstverständlich nahmt.
Ich bin die Frucht, die ihr nicht mehr sehen könnt,
weil ihr nur von den Blüten träumt.
Ich wurde geformt von euren eigenen Händen.

Gesang aus dem Nebenher - III

Ströme von Furcht
durchfiebern uns wie leichte Stromstöße
aus dem Nichts, dem Alltag,
alles Handeln, Reden
wird in Bezug gesetzt auf das
Übermorgen: Wird es uns schaden?

Ein Gott beinahe, wer
mit gleichgültigem Schulterzucken
die Fehler und Sprüche des Gestern
von sich abstreift, ohne
vor ihnen davonzulaufen.

Du erntest Vorwürfe:
Schau ihnen in die Augen, frage,
ob von Mensch zu Mensch
nicht ein Lächeln angebrachter wäre -
und durchtrenne die Bande,
den endlosen Kreislauf von Ichsucht
und Schuldzuweisung.

Und spaziere in kühler Ruhe,
warmen Herzens
heraus aus der Leistungsfalle.

Inselpredigt

In der ehemaligen Kaserne
am Stadtrand:
eine Amerikanische Papierbirke.

Ich stehle etwas von ihrer
schneeweißen Rinde,
meine Liebe ist eine stille.

Manchmal freilich
schreit sie laut in die Nacht.
In diesen Momenten hat

sie es satt, übersehen zu werden.
Wer hätte schon gewußt,
daß es sich um eine Amerikanische

Papierbirke handelt
in der ehemaligen Kaserne
am Stadtrand?

Blicke des Alten

Und in der Vase die Reseden
lächeln im Ertrinken;
in der Ferne die Pappeln blinken
zum Abschied dem Garten Eden.

Aufbricht der Erde rissiger Mund,
lechzend nach Tau und Nacht -
verschenke der Liebe Hoffnungsrund,
Sommer - träumender Rosen Pracht.

Gebe dich hin dem Ewigen bald,
bangen Stadtmenschen fremd;
Astern, sie höhnen der Sense kalt,
schmücken blasses Septemberhemd.

Leiser sich wiegendes Ährenfeld -
Staunen und Verweilen,
der Schwalben tödlich kühnes Pfeilen,
Sommer - zeitlos die Nebenwelt.

(für Otto Peters)

Herbstsichten

Rings das Kastanienblatt sich färbt,
zu Leder sich gerbt,
frostverklärt.

Eine Greisin träumt von lichten Flügeln.

Das süßfaule Obst zu Klumpen schwärt,
den Stiefeln ein Bett,
fliegenfett.

Praller Kürbis stiert von Komposthügeln.

Am Schober die kranke Sonne lehnt,
von Spinnen vernetzt,
windverletzt

im Innehalten. Ein Buntes sich dehnt.

Aus der Ferne ist dies Sterben schön,
ist Zugvogelziel,
Nebelspiel.

Evas Äpfel sich im Golde neigen.

Aus der Nähe war's Liebesgestöhn
und Krähengeschrei,
einerlei.

Die Buckelfrau zerfließt im Schweigen.

Jugendsteine

Eifersucht

Seltsam, wie Gefühle schwanken,
Wenn sie, ganz der Sehnsucht Glut zu eigen,
Heimlich still ein Lieb umranken:
Manchmal in den Himmel steigen,
Manchmal Mordlust tanken.

Seltsam, wie ein Verlangen blind,
Ein Schrei des Herzens, den die Welt nicht hört,
Den so bangen Verstand empört:
Wie das, gleich einem wütend Kind,
Manchmal alles zerstört.

Selbstverwirklichung

Neulich, nachts am Telefon,
Da meldete sich was.
Wer ist was, frug ich schon,
Da sagte was, daß das
Nichts macht, wenn ich nicht weiß,
Wer was sei - Hauptsache wär',
Ich wüßte, wie ich selber heiß'.
Was käme aus dem Hörer her,
Nicht umgekehrt.
Dann wurde mir erklärt,
Es wäre im übrigen nicht schwer
Herauszufinden, wer was sei:
Das stünde in der Zeitung.
Da sagte was, es sei so frei,
Ich hätte eine Leitung,
Die sei so lang, daß das, was was
Berichten mag, nicht wer versteht!
Weil wer nur stets um was sich dreht
Und daher komme das.

Helena in der Natur

Wer dich mit einem Male sah,
Unvermittelt, frei, ohne Gewand,
Den hast du gleichfalls ausgezogen!
Hast ihn stöhnend aufgesogen,
Sozusagen zärtlich eingespannt.

Wer so von deinem Schoß gekostet,
Daß er von Fliederduft betrunken
Nur hilflos trüb die Augen reibt
Nach Ewigkeit und Nacht, der bleibt!
Der schwebt als Tropfen hingesunken

Durch deinen Körper, sanft heraus
Aus wirrem Traum, aus wilder Pein
In eine Welt, die ihm ein Wasserfall.
Dann sieht er dich, Helena, überall,
In jedem Baum, in jedem Stein.

Verbotene Liebe

Der Nordwind bringt dem Meer die Klage:
Ein Reich besteht, von Eis umsäumt,
Ein Reich der Geister! Und die Sage
Geht, daß man dort den Frühling träumt.

Im Traumland glüht der Hoffnungszunder:
Ein Warten ist. Ob Eis zerbricht,
Das Meer sich bäumt und doch ein Wunder
Geschieht. Denn dann wird endlich Licht.

Licht und Frühling fern im Geisterreich,
Der Nordwind klagt es laut dem Meer:
Eis zerbricht, das Dunkel flieht sogleich,
Und selig schwelgt, was sonst nicht wär'.

Leise droht die See. Doch Sonne scheint,
Kein Wind verkühlt den Blütendrang.
Das Reich vergeht, da ja nicht Winterzwang
Die Geister nur im Traum vereint.

Nacht

Zigmal schon hastete
In süßer Furcht durch Dunkelheit
Mein Kinderherz und rastete,
An einen Baum gelehnt, befreit,
Weil wildem Pulsschlag hingegeben,
Im Schein der Gaukelsterne.
Und diese unsichtbare Ferne
Such' wieder ich im halben Leben,
Wenn heute, manchmal trunken,
Ich bewußt Alleinsein fühle -
Wenn trauernd selig hingesunken
Ich daseinsmüd im Bette wühle
Und wundersamer Schlaf die Nacht
Total vergessen macht.

Hörst du das Meer?

Hörst du das Meer,
Das wildbewegte Wellenspiel
Der Freiheit?
Halt eine Muschel an dein Ohr!
Hörst du das Meer? Nein?
Du hörst dein Blut? Dann bist du arm.
Arm, weil dein Blut
Sich wie das Meer nicht regen darf.
Halt eine Muschel an dein Ohr,
Und lebe deine Fantasie!

Damals

Damals standen keine Atomraketen bereit,
Die Wälder lebten, und die Luft war rein;
Kurz, in der guten alten Zeit
Soll alles anders gewesen sein.
In der guten, alten, fernen Zeit,
Die wir nicht leben, deshalb ist sie gut
Und schön und voll Zufriedenheit -
Sie ist in Frieden, weil du dort nicht bist.
Gebricht es dir an Lebensmut,
Wenn du um - der Erde - Zukunft bangst?
Die einzige Frage ist:
Wovor hast DU Angst?

Verlorene Liebe

Vorbei! Was nahm dem Himmelsflug den Schwung?
Ein kurzes Leuchten, das sich sterbend müht,
Und tausend Küsse sind Erinnerung,
Wenn ein Komet verglüht.

Vorbei der Tanz, nur leere Gläser stehn
Als Geister blaß im totenstillen Raum.
Die ganze Welt muß sich im Kreise drehn,
Doch du verpuffst als schöner Traum.

Nachtwandel, Weg in die Vergangenheit
Scheint alles Streben seit es regnet.
Vorbei das Jahr, was bleibt ist Winterzeit:
Nie bist du mir begegnet.

Tage des Herbstes

Sieh, wie klirrer Wind den stillen
Tagen Nahrung haucht,
Da nun, den Jahreskrug zu füllen,
Das Land in Sintflut taucht,
Nur letztem Wunsch zu willen.

Sieh ferner, wie es dem Vergessen
Dienend Blätter treibt,
Wie alles, das in Zeit bemessen,
Auf glatten Straßen liegenbleibt,
Naßbraun in Erde schreibt.

Wie sich Grün im Nebel wandelt,
In reifes Gelb, in tiefes Grau:
Wovon ein Birkenleben handelt
Verweht im Wolkendüsterblau,
Es bleibt uns ungenau.

Nun bange nicht, denn morgen schon
Entsteht ein neuer Traum,
Strahlt Erinnerung aus jedem Baum:
Auch du bist Gottes Sohn
Im Blütensaum.

Improvisationen
eines modernen Romantikers

Richte dein Haus längs den Stürmen,
Freund, doch werde den Stürmen nicht gleich -
Denn vereinzelt saugen die Glücklichen
Am roten Lachmund ihrer Welt.

Abends, Freund, abends im Überall,
Da schweben Ahnungen von Wort und Zeit;
Wer dort einmal war, dem fielen sie bald
Durch das Sieb des weinhaften Geists.

Und all der bängliche Wahn der Gelehrten:
„Friß oder stirb!" Vielleicht platzt morgen der Planet,
Einen Stern gebärend, der Schöpfung Höchstes
Fröhlich zu vollenden - wohlan!

Immer älter wollen sie werden,
Doch auch kranker werden sie und gemeiner -
Nicht möchte ich alt werden, Freund,
In einer Welt, die ich nicht schön finden kann.

Keine Früchte kosten sie mehr, keine
Wälder sehen sie und buntblühenden Wiesen,
Ohne Vergiftung zu fürchten. Selbst die Sonne
Sengt ihre Häute zu Krebsgeschwür.

Suche das Schöne, Herz, und sing noch ein Lied!
Tu es der Amsel gleich, lebe und leide,
Besinge die Liebe, Herz, und finde das Schöne
Im Häßlichsten selbst -
Bis du einst tot vom Dach deiner Träume fällst.

Richte dein Haus längs den Stürmen,
Freund, doch werde den Stürmen nicht gleich -
Denn vereinzelt saugen die Glücklichen
Am roten Lachmund ihrer Welt.

Lethe

Alles weicht von dir sacht,
Not vergeht und wilder Kummer,
Sobald ein neuer Mensch erwacht
Aus tiefem Schlummer.
Hat nicht ein Kind gelacht?

Wie so ein Ding nur strahlt!
Und plötzlich wird die Welt zum Bild.
Wie uns den Regenbogen malt
Das Sonnenhell mild,
Doch mit Wolken bezahlt.

Geschah ein Traum die Nacht,
Verbrannte dein Herz lichterloh?
Sobald ein neuer Tag erwacht,
Fragt Morgengold froh:
Hat es was ausgemacht?

Tuchfühlung

Die Nachtwelt scheint Verdunkelung
Durch Erdendrehung - offenbar.
Doch quält mich die Erinnerung:
Im Traume Licht mir war.

Zerbrochen ist die Traumlichtflut,
Wenn morgens bald die Augen offen
Sehen. Still fassend bangen Mut,
Denn tags beginne ich zu hoffen.

Ahnst du es auch? Und nimmst
Es an, daß du als Traum in Dunkelheit
Nur eigen, undurchschaubar schwimmst
Im tiefen Strom der Einsamkeit?

Sonnenblüte

Immer noch streunt mein Herz
Entlang der Goldregenallee,
Doch es ist Nacht.
Immer noch ist die Freude fern,
Denn nicht fand mein Herz
Den Menschen, der mit ihm aufrecht geht,
Erhobenen Hauptes
Durch den Strudel der Gefühle
Von Trauer,
Furcht
Und Verzweiflung.
Und wehe, die Hoffnung träumt!
Zu bald schon versinkt mein Herz
Im Lärmgrund der Nacht -
Mag nicht mehr glauben
An den Spaziergang von einst:
Zwei Kinder, Hand in Hand,
Entlang der Goldregenallee.
Immer noch fragt sich mein Herz,
Ob nicht inmitten seines Leids
Die Sonne blüht?

Meiner Schwester

Du fragst mich, Kind,
Und blickst mich an mit großen
Sternenkulleraugen:
Gibt es nun diesen Gott?

Natürlich, Kind,
Er spielt als Wind mit deinen
Wunderschleierhaaren,
Springt auch gern in Pfützen.

Du ahnst es, Kind,
Wie du die Welt aus muntrem
Kinderfrühlingsherzen,
Wie du uns Schöpfung lebst.

Beim Anblick einer
lachenden Buddhafigur

Es staune, wem die Welt sich offenbart:
Der zaghaft, wahrhaft Liebende erkennt,
Der Einsame, des Blütenregens müd,
Dem Treibholz gleich, vom Ozean bewahrt.
Der alle Dinge nicht mit Namen nennt,
Denn jeder Name gleich im Wahn verglüht.
Bleibt doch ein Lachen dem befreiten Geist!
Der nur dem All verhaftet, wie ein Baum
Der Erde, die uns ins Geheimnis weist
Als Wunder, schwerelos von Traum zu Traum.

Ein Baum wächst

Ein Baum wächst und treibt Blüten,
Entfaltend stets sein ganzes Blätterwerk,
Alles gebend,
Denn alles wird ihm genommen.

Ob Wind, Wetter oder verdorbene Luft
Ihn am Leben zu hindern suchen:
Er treibt Blüten,
Bis er an irgendeinem Heute stirbt.

Ihn kümmert nicht, wie es ihm dabei ergeht,
Ob es anderen Bäumen besser geht,
Er etwas „verpaßt" haben könnte:
Ihn kümmert
Zu knospen, sein Blattwerk zu entfalten.

Deshalb weiß er um die Freude
Der Schöpfung, er versteht zu leben.
Ob wir das wahrhaben wollen oder nicht:
Im allgemeinen
Sind wir Menschen zu dumm dazu.

Metaphysik

Die Spitze des Kreises
Bricht nicht.
Die Spitze des Kreises
Sticht nicht.
Die Spitze des Kreises
Bist du selbst.
Wenn du auch glaubst,
Daß du nicht ewig hältst.

Vergleiche nicht
Die Spitze des Kreises
Mit fremden Sinnen bricht
Die Spitze des Kreises.
Du bist
Die Spitze des Kreises.
Alle anderen sind
Spitzen des Kreises.

Credo des Einsamen

Ihr kennt mich nicht. Im Strudel der Gefühle
Seid ihr der Fels, ich bin der Bach.
Ihr merkt nicht, wie ich euer Herz umspüle,
Denn ich gebe nach.

Ihr seht mich nicht. Euch stört die Oberfläche.
Wie gerne haltet ihr Gericht!
Ich fließe tief, das ist so Art der Bäche;
Weisheit zeigt man nicht.

Ihr traut euch nicht. Ihr kontrolliert statt dessen.
Ich glaube euch, auch wenn ihr lügt.
Wer will den Mensch an seinen Worten messen?
Wo der Schein doch trügt.

Dein Leib

Es wird sein, daß diese Wichtigkeit erblaßt,
Daß alles, was du einst geliebt, gehaßt,
Mit ihr, der Wichtigkeit, wird scheiden,
Daß alles Streben Traum der Sterne
Und in nicht allzu weiter Ferne
Würmer sich dran weiden.

Es muß sein, daß alle Eitelkeit erstirbt,
Vor allem die Moral verdirbt,
Wenn auch die Lüge wichtig scheint:
Es darf sein, daß alles Ideal verweint.

Du mußt sehn, wie deine Wichtigkeit sich fügt,
So oder so den Menschenacker pflügt,
Mit dir, Leidhaftigkeit, dem Leben.
Ein Ausweg ist dir, Mensch, geblieben:
Du darfst das Welttheater lieben,
Wichtigkeit vergeben.

Winterstimmung

Manchmal mag ich Strauch sein oder Baum -
Und wie das Land den sanften Schleier,
Das weiße Leichentuch empfangen.
Dann endete der Blütentraum:
Eines bunten Daseins Trauerfeier!
Und ich wär dahingegangen.

Dahin, wo zarte Schneekristalle
Hoffnung spiegeln. Spiegeln Winterlicht,
Den kalten Leidensweg zu stunden.
Leben, teure Liebesfalle,
Ein Irrsinn prägt des Volkes Angesicht:
Nicht die Zeit heilt alle Wunden,

Nicht die Zeit führt aus der Eisnacht Haft!
Schallt doch ein Ruf von dunklen Gängen:
Nimm es, verweb es deinem Leben,
Die Liebe birgt immense Kraft!
Manchmal folgt der Schmerz den Herzensklängen,
Und ich bin ganz hingegeben.

Jenem

Jeder sitzt für sich in einem Käfig,
Auf einer Stange, recht locker angebracht.
Man pfeift und tut in seinem Käfig,
Als hätte man zu tun. Doch wird es Nacht,

Klingt Pfeifen nur als irres Widerhallen:
Niemand blickt gern durch sein Seelengitter,
Man könnte von der Stange fallen;
Am Horizont entsteht ein Herbstgewitter.

Es ist ein Wissen um ein tiefes Leiden
In den Menschen. Eine ferne Ahnung,
An der sich stets die Geister scheiden.

Aus Selbstbetrug gezeugt,
Ist dieses Wissen jenem eine Mahnung,
Der sich nicht dem Trugbild beugt.

Herbstzeitlos

Der Sommer ging,
Mit ihm zog Amor aus der Seele mir -
Zwar liebt mein Herz, woran das Leben hing,
Doch magst du um mich werben,
Entlarvter, so verrat ich dir:
Ein alter Freund liegt nun im Sterben.

Kein Vogel singt mehr aus dem Ried,
Du wirst, Geliebter, mich vergessen bald.
Süßfaul und schwer dampft müder Wald,
Die Windsbraut pfeift ihr Regenlied.

Noch einmal taumelt schräg das Licht,
Irr im Rausch der Farben, stummer Wunden,
Noch einen Blick in dein Gesicht!
Mild im Gold der späten Stunden.

Die Stunden blauer Ewigkeit
Mit dir, Geliebter, sind nun bald dahin.
Doch lebst du fort in meinem Sinn,
Denk ich der körbevollen Zeit,

Die uns die reife Frucht beschied.
So schön und bunt an ihrem letzten Tag:
Die Windsbraut pfeift ihr Regenlied,
Denn reif ist erst, was sterben mag.

Solang scheint ihre Weise rauh;
Ihr strenger Ton trifft jeden irgendwann,
Trifft Kaiser, König, Bettelmann,
Dann tropft die Welt im Nebelgrau.

Warum ich kein
Politiker werden wollte

Bei einem Liter Wein
Im Halbdämmerschein
Einer Taverne,
Saß ich vielmals gerne.

Nach einer Weile Sicht
Ins Halbdämmerlicht
Ließ ich nicht selten
Alle Meinung gelten.

Manch wirrer Vogel krumm
Im Halbdämmerstumm
Flog mir aus dem Sinn,
Heimlich zur Hauptstadt hin.

Improvisationen

1

Laß die Seele mutig fliegen
Zu den Gründen
Deiner Gaben, laß sie münden,
Sich auf Geistes Wellen wiegen,
In ein Meer sich ründen,
Laß sie bald von Freiheit künden.

2

Liebe ist Mitgefühl,
Mitgefühl ist Leidenschaft;
Leidenschaft ist Gabe und Welt.
Du nennst dich Mensch,
Künstler, Persönlichkeit:
Mitfühlst du die Liebe,
Leidest du Gabe und Welt?

3

Was ist Zeit?
Augen, die sich selbst im Spiegel sehen;
Sie möchten verstehen,
Doch alles blickt Eitelkeit:
Endlos kleiner werdend und sterbend,
Endlos wachsend und werbend,
Immer dasselbe Bild. Zeit ist Gelegenheit.
Daneben ist Leben
Unendliche Einsamkeit.

Manche Künstler

Menschen, die ein reiches Leben hatten,
Buntschillernde Gestalten,
Wurden zu Schatten,
Längst vergangne Traumgewalten.

Sie wirken fort als Geister unsichtbar,
Deren so vielverletztes
Leben zu gut war,
Als daß man ihren Reichtum sah.

Weil sie ein oft kurzes Leben hatten,
Ein kurzes, vielgehetztes,
Wurden sie Schatten,
Bleiben uns aber ewig nah.

Du liebst?

Nur immer ruhig - Kind
Wem das Herz brennt
Wes Geist sich nicht besinnt
Wer nicht erkennt
Daß Leben ist
Und nur erwartet
Niemals sich scheuet
Und sich erfreuet
Einfach des Angesichts
Der liebt sich selbst
Sonst nichts

Wenn du liebst
Wenn du vergibst
Wenn du verstehst
Du endlich siehst
Daß man Liebe
Die ewig bliebe
Des Zaubers Bann
Nur schenken kann

Maria

Wohin ich immer seh,
Ich finde dein Gesicht!
Es spiegelt sich als Licht
Im Winterweh
Der Lebenden, der Wesen.
Nichts geht verloren,
Kann ich - durch deine Augen lesen;
Ein Lächeln wird daraus geboren.
Maria, du bist Name nur
Für Spiel der Zeit
In Ewigkeit,
Mutter Natur.

Nachtgedanke

Ich suche mich zu verwirklichen.
Also einfach sein, was man ohnehin schon ist.
Das dauert lange;
Lange ist die Spur verblichen,
Weil man am Suchen ist.
Manchmal ward mir angst und bange.

Klingt eine Stimme im tiefen Raum?
Schönheit blendet, und Anmut reizt die Sinne.
Harmonie ist schön,
Deshalb sehen wir sie kaum.
Ich meine: Sie wohnt allem inne,
Doch bleibt sie dabei schlicht - und schön.

Quarzkristall

Verdichtung des Innersten:
Quellender Sonnenfang,
Dem Dunkel entboren,
Von Menschenhand entrissen
Dem Zauber dünner Erdenhaut,
Hinein in die Veräußerung
Stillen Bewunderns.
So rein ist sein Schimmern,
Vielhundertfacher Kinderzähne
Zierliches Spitzengefunkel;
Und doch so schwer zerbrechlich,
Hart und klar,
Spiegel nur noch von Licht
Und Ewigkeit.

Die Wasser des Gestern

Kalt sind die Wasser des Gestern,
Wild und voller Seelengefahr:
Du schwimmst darin und wirst nicht frei,
Versinkst darin und stirbst.

Alt sind sie wie Sorge und Not,
Bild deiner Welt und Krankheitskeim;
Zu hoffen wagst du vergebens!
Ertrinkst bald in der Zeit.

Weiter strebt dein Sinn, ihren Lauf
Der Kälte schneller zu zwingen:
Gestern jedoch ist schon vorbei,
Wann also lebst du - Mensch?

Heiter strahlt die Sonne den Tag;
Wer augenblicklich vorwärts lebt,
Gestern als Folge von heute sieht,

Lernt, auf den Wassern zu gehen -

Deren Kälte er nicht mehr fühlt,
Deren ewiger Lauf von heute
Seinem Wesen so ähnlich ist.

Prinzip

Lichterspiel von Diamanten
Birgt sich hinter allen Räumen,
Lacht uns Sonnenschein aus Träumen,
Schwirrer Tanz von Quanten.

Blickst du das, bist du allein,
Weisheit spiegelt sich ins Dunkel:
Mußt im dichten Weltgefunkel
Ein banger Glühwurm sein.

Doch manchmal sehen wir von fern:
Was eben noch ein kleiner Punkt,
Das feuerwerkt und blitzt und funkt
Sich auf zum großen Stern.

Liebesgabe

Wenn Regen nicht enden will
Und Wochen kühl zu Jahren rinnen,
So dulde und halte still:
Zeit zu weinen, Zeit zu sinnen.

Ein Sommer ertrinkt - und schwimmt
Auf Lügen der Feigheit schnell vorbei.
Liebe gibt und Lüge nimmt
Das Herz, dem Regen einerlei.

Müde lächelt es ihm zu,
Bis reifer sich die Gärten färben;
Schließe dann die Augen du:
Zeit zu lieben, Zeit zu sterben.

Meinungen

Worte fliegen durch die Luft,
Zerstäuben zu Buchstabenduft;

Kinder tanzen durch den Mai,
Greise ziehen am Weg vorbei.

Kindisch sind Meinung und Streit,
Eitelkeit,
Im Angesicht der Ewigkeit.

Dichtung und Weisheit

Beißen sich,
Im Wechselspiel umschleichen sich,
Lieben und zerreißen sich.

Eines fügt,
Womit das andre sich begnügt,
Zu mehr, als es ihm trügt.

Das Kind in mir

Es ist ein Urgrund meiner Schmerzen,
Es trennt die Welt mir, die erkaltet,
Da seine Unrast mich gestaltet.

Es schlummert tief in meinem Herzen,
Niemand darf hinein!
Nicht einmal mein Selbst,

Das muß erwachsen sein.
Was will ich klagen,
Ich brauche diesen kleinen Streiter:

Trotz aller Plagen,
Es ist ein großer Wegbereiter;
Spiel Kind, spiel nur immer weiter!

Unbeschwert (Frühlingstage)

Nun beginnt des Nordens Kinderphase,
Schneeglöckchen kling und Finkenschlag!
Im Haselstrauch hockt jung ein Osterhase,
Vergaß des Gesterns Wintertag;
Entsetztem Stadtmensch juckt die Nase.

Lied der Wälder frei, dein keusches Raunen
Höhnt den bangen Totenrufern:
Am siebten Tag laßt uns das Wunder staunen!
Mücken wirbeln an den Ufern,
Gleich Wassertanz von tausend Faunen.

Blütenreiche Zeit der Kindheit Spiele,
Die windverwandt durch Wiesen streicht,
So bald vorbei! Natur kennt keine Ziele,
Lebt Gegenwart, die nie erbleicht:
Gedanken sterben täglich viele.

Wenn Menschen ...

Wenn Menschen dich nicht mehr verstehen,
Weil sie nicht können oder wollen,
Beginnen sie, dich als verrückt zu sehen -
Vielleicht nicht gänzlich aus der Form geraten,
Doch zumindest launisch geschwollen.

Wenn Menschen dann besorgt beraten,
Wie sie dich künftig ändern sollen -
Verkaufen sie dir ihre dümmsten Triebe
Als Neidpaket auf langen Schwafelrollen,
Zumeist billig als Nächstenliebe.

Mensch und Kirche

Eines Tages fiel das Amen aus -
Wie war das plötzlich still!
So Gott will,
Gingen alle schnell nach Haus,
Aus der Kirche hinaus.
Seitdem fallen sie ohne Segen
Übereinander her.
Und siehe: Das ist auch nicht schwer,
Es geht genausogut!
Menschen stehen immer noch im Regen
Und machen sich Mut.

Neufundlandabend

Blick ich aus müder Augen Gitterstäbe
Jenem letzten, irren Licht entgegen:
Daß es dem Wandern Würze gäbe,
Treibt es mich auf stillen Wegen
Himmelwärts der Abendsonne zu.

Bleib nur, Augenblick der Stille, bleibe,
Laß dich lieben, Angesicht der Einsamkeit!
Ach, daß dein Strom der Wipfel Spiel betreibe
Und mein Gemüt hinschaukelt in die Zeit,
Die himmelwärts der Abendsonne eigen.

Wo vom dunklen Wald die Geister starren,
Nachtwind pfeift, Moskitoheere streiten,
Kann meine Seele doch am Fjord verharren;
Läßt sich in einen grünen Schleier breiten,
Tanzt himmelwärts dem Nordlicht hinterher.

Zeitgenossen

Sie sind so unheimlich gleich.
Sie denken im Chor und malen sich aus,
Dabei eigen zu sein. Ein Streich!
Sie blicken starr, stets geradeaus,
Und hoffen auf das Himmelreich.

Jeder auf seine Weise. Sie wissen zuviel,
Daher erkennen sie nicht.
Denn Dienst sei Pflicht, und Schnaps sei Spiel,
Doch so manches Schnapsgesicht
Existiert, weil ihm die Pflicht mißfiel.

Sie wissen zuviel, das macht sie gleich.
So suchen sie, sie finden nicht nach Haus,
Zum Ehrlichsein sind sie zu reich.
Sie blicken wie tot, stets geradeaus,
Und hoffen auf das Himmelreich.

Den Fahrenden

Was ich am Wandern so liebe?
Es ist das ewig Alte im neuen Gesicht.
Man folgt der Natur launischer Triebe
Und ist allein, doch leidet nicht.

Kein Land ist mir bekannt, dessen
Volk nicht lacht, liebt, singt und kämpft und tötet.
Daneben zieht der Fahrende, flötet
Ein Lied. Man hat ihn vergessen.

Doch ist er stets den Wolken nah,
Sie schweben wie er, sind Brüder dem Wind!
Und wer erkannt, was überall geschah,
Ist auch daheim des Himmels Kind.

Zeitsklaven

Vielleicht nimmst du die Vorstadtbahn
Und träumst vom ersten Preis der Lotterie.
Die Arbeit naht, Gewohnheitswahn
Macht Träumen dir zur Pflichtzeremonie.

Vielleicht trinkst du, dem Betriebsstreit
Zu begegnen. Vielleicht trinkst du gerne.
Redest von Sex und toller Zeit,
Gedenkst nimmermüd verblaßter Sterne.

Doch reich ist, wer zufrieden ist.
Du hoffst, und Sicherheit weicht der Gewalt
Von Ängsten, die du selber bist.
Gewißheit gibt dem Augenblick Gestalt.

Sommergewitter

Verängstigt blickt ein Kind den Strom der Zeit,
Ungeklärt sind tausend Fragen:
Woher so plötzlich klamme Dunkelheit?
Leichter Wind hebt an zu klagen,

Um sich sticht das Volk der Mücken, es tollt
Nervös im grünen Uferzwirn;
Vereinzelt zuckt ein Blitz, und warnend grollt
Des Himmels graugewölkte Stirn:

Gleich drückt ein Gott den letzten Tropfen Wut
Aus diesem schmerzgetränkten Schwamm,
Gleich stürzt und brüllt der Vater Tränenflut
Über Fluren und Hügelkamm.

Nach dem Streit, von Stille aufgesogen,
Tropft farbenklar das feuchte Land;
Bunter Weltgeist einen Regenbogen,
Ein Zeichen der Versöhnung spannt.

Sierra de Guara
- ein Sonnenuntergang

Dort lädt der Sehnsucht Melodie zum Tanz,
Beendet jeden Sommertag durch Glut
Und Lichterrausch der Berge Purpurglanz,
Es taucht ein Gott die Welt in Abendblut.

Dort treibt der Winde sanftes Wechselspiel
Die Wolken still der Sonne zu, ein Bild,
Darin die Zeit versinkt, ein Zauber wild,
Dem sich kein Blick entzog. Wer ihm verfiel,

Vergaß Orangenduft und Rosmarin,
Vergaß der stolzen Frauen Anmut gar,
Die manchem oft als trunkner Traum erschien;
Denn nur das Lied der Nacht wird dort gewahr,

Der Seele Lied, das heiße Sehnsucht singt:
Schöner nichts, als bebend hinzuschlafen,
Wenn ferne solche Melodie verklingt;
Die trägt uns in den Dämmerhafen.

Lossagung

Kürzlich lehrte ein Verwandter:
„Mußt auf deinen Leichtsinn achten!"
Selbstverwirklichung, befand er,
Danach läßt sich nicht mehr trachten.
Dies sei ein Wort der Sechziger,
Somit ein Wort vergangner Tage,
Da hilft kein Trauern, keine Klage.

Liebe Freunde, Onkel, Tanten,
Alle, die mich besser kennen
Als ich selbst, ihr Unverwandten:
Laßt mich getrost ins Messer rennen!

Seht, so ein Dolch hat keine Kanten,
Der setzt dem Herz nur einmal zu.
Verwundert, daß ich euch entfliehe?
Ich brauche keinen Stein im Schuh:
Verzeiht, daß ich mich selbst erziehe.

Nachtwanderungsgefühl

Ahne ich dich wieder, kleines Wesen!
Auf den monderhellten, feuchten, glatten
Felsen, nah beim See bist du gewesen,
Und am toten Baum, da war dein Schatten.

Lauerst nicht an weiten Feldern, trüber,
Banger Schelm der Nacht. In finstren Hecken,
Von den Wipfeln schimmerst du herüber,
Mag die Seele dich zu gern verstecken.

Bald schwindest du dahin, komischer Gnom,
Ich sehe Häuser, nahe tönt Verkehr.
Dicht an die Straße wagt sich kein Phantom,
Da kreuzt du niemandem die Quer.

Megalopolis

Technik donnert auf Beton, Gehirne
Und Hausmüll: Sonne scheint im Arbeitstakt.
Verbrechen, sonderbarer Teufelspakt,
Blühst am Horizont der Menschenstirne -
Erfolgswahn greift, zerfleischt der Liebe Band:
Herzlich willkommen im Alptraumland.

Verstand stöhnt unterm Joch der Zwänge - stampft
Und brüllt er nicht, weil Geisteskrankheit sprießt,
Weil Energie aus welken Körpern fließt?
Er flieht dahin, wo Schweiß und Nähe dampft
Und sucht den Tod im Adamsgewand:
Herzlich willkommen im Alptraumland.

Bald fürchtet er Verlassenheit - Stille
Drückt. Hektik wird ihm Sucht. Und Rausch wird Macht.
Verkehrt der Mensch die Welt, den Tag zur Nacht?
Er stirbt, nennt es endlich Gottes Wille,
Verläßt die Zeit im Engelsgewand:
Herzlich willkommen im Wunschtraumland.

Garten im Frühlingswind

Der Wind hat Blumen in den Salat gestreut,
Margeriten und Stiefmütterchen bunt
Und viel andere lichte Köpfe
Wackeln da hocherfreut
Im Gartenrund
Und besetzen die tönernen Töpfe.

Der Wind, der die Rufe der Vögel entführt,
Eine seltsam leichte Stimmung besingt:
Von Frühling und Leben unerhört,
Wo in Staunen gerührt
Die Stille schwingt,
Wenn auch ein Regen die Anmut bald stört.

Der Wind, der feuchte Wäsche im Schuppen wiegt,
Wo Werkzeug, Leitern und Hoffnung warten,
Brach einst auch den stolzen Zwetschgenbaum,
Der sich nun südwärts biegt,
Um den Garten
Zu teilen in Arbeit und Kindertraum.

(für Petra und Horst)

Kornblume

Dein Blau scheint überirdisch mir,
Absurde Krone;
Strahlender Körbchenblütenkranz
Auf struppigem Stengelkramgrün.

Dein Blau berauscht die Sinne mir,
Du Feldikone;
Geliebte mir im Frühlingstanz,
Dem munteren Juliwärtsblühn.

Dein Anblick macht mich Gott vertraut;
Inniger war kaum
Mir lichter Zauberlehrlingstraum:
Wie schaffst du das, Frau Bienenbraut?

Von einer Fahrt nach Piemont

Piemont, das bunt ein Märchen schrieb!
Hier döst vergessen in Gottes Schoß
Ein Ort, dahin der Regen uns trieb,
Ruht am Fuß der Waldberge groß.

Von Kloster, Schloß und Ruinen,
Obstverhangen steht das Dorf umsäumt,
Mit Gäßchen und Arkaden verträumt,
Gleich steinernen Baldachinen.

Wir kamen und suchten ein Dach,
Eine Scheune, vielleicht auch die Brücke,
Die so wunderalt ins Auge stach -
Zuerst aber Wein dem Augenblicke!

Und wie wir tranken und sangen,
Lieder, die Fahrt und Leben lacht,
Und wie wir fielen in Rausch und Nacht,
Nahm uns ein Zauber gefangen.

Geliebtes Dorf, der Träume Ziel,
Bist ganz unbekannt dem Weltgeschehn!
Wir wollten schon Richtung Brücke gehn,
Als dem Wirt unser Lied gefiel.

(für Stefan Pratzel)

Auferstehung

Es irrt, wer nicht verzeiht - und sei
Auf Erden alle Wahrheit Fantasie.
Klingt nicht aus Nebeln wild ein Schrei:
Eli, Eli, lama asabthani?

Mensch, der du längst verlassen stehst,
Laß das Kranke bald an dir genesen!
Mensch, der du wahrhaft einsam gehst,
Spiegelt nicht dein Geist der Bangen Wesen?

Elias führt dich aus der Not.
Elias, der dir Freiheit bringt. Freiheit,
Vertrauen zeigt, daß Angst vor Tod
Nur blinde Furcht ist vor Verlassenheit.

Du reichst erneut der Liebe Hand,
Aus ungetrenntem Mut verbunden nun
Mit aller Kreatur. Ein Band,
Das Herzen öffnet: Kind sein, Gutes tun.

Spaziergang im Vorgefühl

Pst! Rings ist ein Wald, umsäumt
Von Wipfeln, die biegen sich im Wind;
Sowas knarrt.
Was willst du denken, Kind?
Wo Bächlein rieselt, Hoffnung keimt,
Des Frühlings harrt.

Vögel singen, Luft scheint lau.
Ein klarer Tag: Weithin sieht man Berge
Seefeldein.
Unsichtbare Zwerge
Werkeln - bald ist die Winterschau
Nur Totenschein.

Blätter purzeln vor sich hin.
Warum nicht wie Schnee auf Wegen liegen,
Unverstellt,
Verschmelzen mit dem Sinn?
Ewig sich im Weltall wiegen,
Dem All der Welt.

Weltreise

Ich reise viel in meiner Zeit,
Mein Blick dabei im Wolkenspiel verweilt;

Ich reise viel in dieser Ewigkeit,
Die sich in tausend Bilder teilt.

Eine Ratte pfeift

Nachts, wenn ein Schnee treibt
Und die Bäume wie Gespenster stehn,
Nachts, wenn zwei Augen in das Dunkel sehn
Und das Herz darin alleine bleibt,
Können wir reden mit den Tieren,
Weil wir uns sonst beim Heimwärtsgehn
In der Kälte verlieren.

An Bartolomé Estéban Murillo

Vertraut und einig sich im Sinn,
Seht doch nur die stille Bande!
Trauben süß und schwer vom Lande
Durch den Korb der Händlerin
In die Straßen von Sevilla.

Froh geduckt im Blattgeranke
Teilen lieb Spezialitäten,
Früchte golden und Pasteten,
Junge Schelme, ein Gedanke
Und ein Hund nah bei Sevilla.

Mutter Gottes hingegeben
Menschenkinder, jene hellen
Engel aus den Wolken quellen.
Im Moment ruht alles Leben
Bei den Kirchen von Sevilla.

Deine Welt von Frieden handelt,
Unbeschwert barocke Fülle;
Eingewebt in dunkle Hülle,
Armut sich zu Anmut wandelt
Auf den Bildern aus Sevilla.

Jean Sibelius

Als Morgennebel über nordischen Seen
Steigt deine Musik
Aus dem Dunkel der Wälder Kareliens
Fliegt deine Musik
Sagenverwoben
Den Herzen der Heimat,
Den Herzen der Welt entgegen.

Gleich den Rufen - der Wildgänse Zug!
Schwebt deine Musik
Aus der Welt der Mitternachtssonne
Trägt deine Musik
Das Lied der Wälder
Dem Hörenden zu,
Der deine Einsamkeit versteht.

Altweibersommer

Noch immer zittern Blätter sanft im Wind,
Laden Hoffnungstrauergrün von Buchen und
Oktobergold zum Gang durch Wiesengrund
Und Apfelhain, lacht vom Garten her ein Kind:
Nichts schöner, als in faules Laub zu fallen!

In diesen Tagen lichten sich von allen
Räuschen der Natur ermüdet Nebelfeuchten,
Als wär der Traum vom Leben längst vorbei.
Das ist erhaben, Klarheit rein und frei:
Eines kühlen Morgens Farbenleuchten.

Volkslied

Auch ich zog am Leben ganz lässig vorbei,
An Weihrauchgesprenkel und Liebesgeschrei,
Verdarb im Getümmel der Nachtwindzeit -
Und starb im Hochglanz meiner Eitelkeit.

Ich fiel im Krieg, krawamm! um Macht und Geld:
Mich schoß ein Kind aus der Videowelt,
Plärrte „Erfolg!" und schwang die Feuertaste,
Als ich am Bildschirm ums Leben raste.

Auch ich starb im Wahnsinn ganz nebenbei,
Doch morgen, Freunde, springt ein neues Ei,
Und jedes Küken prägt bitter sich ein:
„Verboten ist alles Persönlichsein!"

Lapplandlied

Sahst du je des Nordens Lichtgebaren,
Bang im Rausch der Einsamkeiten?
Sahst des Sonnensommers Vogelscharen
Der Polarnacht über Fjorden kreisen?
Ach, vergessen kann ich nicht die Weiten
Und der Kormorane Weisen.

Kennst auch du das Land der Eismeerblume,
Deren Duft die Herzen tragen?
Manchen Traum barg dieser Duft der Blume,
Da unter nordischen Birken ich schlief:
Denn vergessen kann ich nicht das Klagen
Des Tauchers im Abendwald tief.

Wo im Reich der tausend Wasserkunden
Elche stehn gleich Waldpropheten.
Fort sind all die Zauberstunden,
Da unter nordischen Birken ich lief:
Ach, vergessen kann ich nicht das Beten
Der Wälder im Abendwind tief!

Herbst

Lichte Wälderflur, wie blüht das Alter!
Goldbräune taucht aus grünem Einerlei.
Um den welken Flieder schwirren Falter,
Bunt wie das Jahr - bald ist auch dies vorbei.

Das Land ist Abendglut, verlangt nach Ruh,
Erzählt vom Leben. Sagenhafte Zeit,
Die Welt ist reif, sie tanzt den Nebeln zu;
Schon flüstert kalte Nacht: Bist du bereit?

Kurze Tage darf uns Ernte freuen.
Milde strahlt, in festgeschmückter Pose,
Letztes Laub. Doch einsam sind wir scheuen
Kinder - einsam wie die Herbstzeitlose.

Öfters beobachtet

Wo sind die wunderbaren Tage hin,
Der Hoffnung Zeit?
Was lebt, dreht sich im Eigensinn
Durch Dunkelheit:
Liebe kommt, Liebe geht,
Wenn man sich mißversteht.

Dann flieht und wandelt sich zum Gegenpol
Zufriedenheit.
Was hilft, ist immer Alkohol
Bei Selbstmitleid:
Heute Freund, morgen Feind,
Im Schlaf ein Mädchen weint.

Bald steht Fassade, naß auf beiden Seiten,
Im Hochzeitskleid.
Ein Kind oder zwei beizeiten
Ist nun das Arschloch -
Verzeihung, ich meine:
Hat nun das Leid.

Seele mein, Seele dein,
Lieben heißt offen sein.

Fernsehapparat

Aus diesem Kasten grinst die Gegenwelt,
Das Traumballspiel der Millionen.
Genormte Wünsche flimmern unverstellt,
Im Wechselbad der Illusionen

Schwimmt abgelenkt der abgelenkte Geist:
Ein Knopfdruck und das Denken schweigt.
Da wird Erfolg gepredigt, Wunder preist
Die Macht der Technik! Uns wird gezeigt,

Wie man liebt und wie man mordet geschickt.
Und ganz nebenbei, ganz außerplan,
Meldet ein Onkel mit Krawatte verzückt,
Daß Krieg sei in Südchaotistan.

Seelenflucht
(in des Geistes Zauberland)

Gern wandle ich im Land der Trolle;
Stille staksen sie durch hohes Gras,
Ihr seht sie nicht!
Doch ich davon in Büchern las.
Und es verbirgt ein Wicht
Sich hinter jedem Astloch,
Blickt scheu ein Gnom, ob noch

Elfen huschen bei den Buchen, ob
Geister sich im Wald verschanzen!
Ihr glaubt es nicht,
Überm Bach sah ich sie tanzen:
Nur hüllt sich ihr Gesicht
In Schleier von Insektenvolk,
Nur krächzt ein Rabenkolk,

Wie so mancher helle Vogelschrei
Einsam sich in Ewigkeit erstreckt.
Und früh geschieht,
Aus unerhörtem Traum geweckt,
Ein Zauber, dem entflieht
Der große Bär, der heimlich weint:
Morgenlicht durch Laubwerk scheint.

Dieses Land, es ist im Irgendwo
Bei Nord und meiner Kindheit Tage.
Ihr kennt es nicht?
Es ist das Land der Seelenklage.

Wenn alle Städte

Wenn alle Städte kalt und gemein sind,
Kindermordend,
Und alle Wälder dunkel und schön waren,
Groß und erhaben,
Wenn alle Wolken blutrot getränkt
Zum Himmel stinken,
Alle Menschen husten und krank sind,
Im Elend verhungern müssen -
Erkennen wir dann,
Endlich,
In einem Büschel Gras,
Das durch den grauen Asphalt bricht,
Erkennen wir dann darin
Das Glück dieser Erde,
Das Leiden wurzeln in uns selbst?

Leider kein Märchen der Superlative

Als eines Tages die Dümmsten herausfanden,
Daß man mit Gewalt stark scheinen kann,
Aber eben nur scheinen,
Denn man ist ja im Leben schwach -
Vergriffen sie sich an den Schwächsten.
An wem auch sonst?

Als bald die Dümmsten noch sahen,
Daß die Reichsten zwar gegen sie reden,
Aber eben nur reden,
Und daß die Menschen sich ängstlich ducken,
Wenn Dummköpfe feige um sich schlagen -
Machten sie noch die Irrsten zu Göttern
Und suchten die Macht.

Als eines Tages das Land in Asche lag,
Da bettelten die Normalsten,
Es mögen die Schlausten zurückkehren ins Land -
Und ihnen vielleicht einmal erklären,
Wo denn die ganze Asche herkomme ---- ?

Wintertraum

Der Wald ist starr. Er rahmt den See.
In sich verborgen ruht, was ruhen kann.
Nebel dampft, den Uferweg bedeckt schon Schnee,
Das Land schweigt wie durch Zauberbann.

Eichen stehn uralt und moosbestückt,
Kalten Mutanten gleich aus ferner Zeit;
Der blanken Äste Schrei zu Frost erstickt.
Ist Winterstille Ewigkeit?

Ist sie an heißen Tagen auch,
Im Takt der Stadt, in Rausch und Lebensgier?
Friert alle Welt durch meinen Atemhauch,
Ist diese Stille auch in mir?

Der Wald bleibt starr. Er rahmt den See.
Es ist so still, man könnte danach greifen!
Nebel dampft, bald tanzt am Uferweg der Schnee,
Webt einen Schleier weißer Streifen.

Blick aus dem Fenster

Draußen schneit's. Eine Möwe rast vorbei.
Wirres Astwerk wuchert wartend blank,
Von der Straße tönt ein Katzenschrei.
Alles für die Ewigkeit!
Nur der Mensch, das macht ihn krank,
Nur der Mensch hat keine Zeit.

In seinem Innern tropft ein Wasserhahn,
Beständig, immer gleich. Aber laut,
Lauter wird es bald im Fieberwahn:
Weil der Mensch auf Zukunft baut.
Wie wunderbar es draußen schneit!
Alles für die Ewigkeit.

Nachtgang im Frühlingsregen

Wie der Bach zum Strom wird aufgewiegelt!
So folgt der Schritt der Regensinfonie.
Wie der Mond sich in den Wassern spiegelt!
So nimmt das Herz die Abendmelodie,

Das irre Rauschen einfach in sich auf,
Schweift der Blick der düsteren Allee
Recht trostlos hinterher, den Schimmerlauf
Der Straße ahnend nur im Nebelsee.

Wie das Blattwerk müde hängt herunter!
So sieht der Wanderer das feuchte Grün,
Erinnert sich manch banger, mancher bunter
Zeit, spürt heimlich ferne Hoffnung glühn.

Verdruß

Denn wir Menschen scheinen komplizierter
Als das liebe Vieh, dem nichts verquer;
Geister finden sich zivilisierter,
Doch Achtung preist dem Leben keiner mehr.

Man strebt so vor sich hin - vielleicht einmal
Alles anders wird in diesem Leben?
Der Zweifel frißt daran und macht es schal,
Leben, dem nicht Liebe beigegeben.

Ich gegen Ich die Menschen ruiniert,
Gewohnheit, Alltag lenkt Gott Fortschritts Hand;
Während jeder sich spezialisiert,
Stirbt irgendwo ein fernes Wunderland -

Des armes Herz, es birgt der Weisen Stein!
Der eitle Mensch kann nur Roboter sein.

Wandlungen

Memento mori

Nicht Tugend ist es, was die Menschen leben,
sie lernen nur, sich höflich zu benehmen.
Sie opfern sich dem Alten und Bequemen,
das macht sie blind für alles tiefe Streben.

Der Mensch, er kann sich selber nicht vergeben
und sucht die Schuld in läßlichen Problemen.
Er lügt, weil er sich selbst belügt. In Schemen
läßt wahr er nur sein Fühlen sich erheben.

Ist es nicht lächerlich? Des Menschen Streiten,
es will mir ernstzunehmen nicht gelingen.
Für ein Gebet schon kann man Teufeln wehren,

ein Doktorhut genügt für Bürgerehren.
Und all der Tand wird einst im Wind verklingen!
Von Wert sind doch nur weise Heiterkeiten.

Lamento

Ich schlief an deiner weißen Brust
und ahnte nichts von wüsten Scherben.
Ich schäumte nur im süßen Werben,
bald selig müd von junger Lust.

Du nährtest mich an deiner Brust
und nahmst in Seligkeit den herben
Wein, liebtest dieses blinde Sterben.
Wir hatten beide nichts gewußt,

als daß die Welt ein Flimmerspiel
von Blättern, grün in Liebesbäumen
rauschend, und das galt uns viel.

Wir wähnten uns unendlich klug,
es gab nichts neben unsern Träumen.
Und doch, es war bloß Selbstbetrug.

Auflösung

Dein Herz: eine Versuchung
zur Notdurftverrichtung für die Welt.
Die Erdbeben der Seele
machen die Kirchen unglaubwürdig.

Die Welt: eine Bewegung.
Was wir für die Ewigkeit schaffen,
wird durch Kräfte gespalten,
die wir nicht mehr fassen mögen.

Gott und Gesetz findest du nicht
in der Kulisse des Alls.
Dein Herz allein,

zur Unkenntlichkeit des Menschseins
verdichtet, geistgeworden,
wird Freiheit sein.

Oktober

Oktober,
stumme Schreie von Bäumen;
Zinnober
durchtränkt dieses Schäumen

von welkender Lust. Wirre
Spaliere,
Pappeln im Goldgeflirre.
Und Tiere,

Kastanien fallen,
und Eicheln liegen im Laub,
Patronen.

Seltsames Wallen,
einmal sind wir alle Staub
in Kronen.

Kafeníon

Die Alten hocken geisterhaft gebeugt,
sie lauschen ihren Träumen: Zauberklang
Vergangenheit. Ihr Blick von Tagen zeugt,
die wilder noch als jener Hirtensang

bei Lämmerfleisch und Schnaps im Eichenholz.
Einst folgten sie der Eselshufe Spur,
der Nachteule verhaltenem Schrei - nur
hingegeben an den Gott von Stolz,

der, im Schatten jener Weltplatane,
mit leisem Spott nun Rosenkränze schwingt.
Einer spricht: Man altert jeden Tag mit Mut.

Und wie in Gold taucht da im zagen Wahne
des Weins das Abendlicht die Welt. Es klingt
von fern ein Lied, den Alten wallt das Blut.

Don Giovanni's Traum

Auf silbernem Tablett das Haupt des Narren,
dem war die Lust zuviel am satten Lästern.
Er ist nun Ehrengast den kalten Schwestern,
die als Gerippe feixend bald verscharren,

was übrigbleibt vom grausen Mahl. Es harren
schmatzend Totenvögel in den Nestern.
Ein Apfel ziert das freche Maul. Erst gestern
troff sein frisches Blut vom Henkerkarren.

Jedoch, es naht sich neue, wilde Liebe,
die Furcht treibt ihm das Blut wohl in die Lenden.
Und nichts wird dieses dumpfe Schicksal wenden,

als das Erwachen durch der Opfer Hiebe.
Es wird die Rache seine Qual beenden,
dann trägt die Zukunft schon sein Herz in Händen.

Endgültig

Schaltet doch mal was Vernünftiges ein,
sagte die Jugend,
als in den Nachrichten der Weltuntergang
angekündigt wurde.

Junge Männer und Frauen tanzten,
sie hatten fun
an stilisierten Kopulationsbewegungen;
ein jeder tanzte mit sich selbst.

Zu unerträglich wurde solcher Frieden,
eingesponnen in die Kokons
hausgemachter Neurosen:

Ein Jagdgeschwader flog über den Herbst.
Die Flugschau endete tödlich,
ein Pilot wollte fame.

Der Weise

Dieses jedem offene Geheimnis,
ichgewordene Natur zu sein -
dieses blinde Streben nach dem Gleichnis
mit dem Gott, den einst im Wein

ein Dichter schuf, dieser ewige Schild
von Streiten, Leiden, Eitelkeiten -
ist ein Niemals-Fassen lichter Weiten,
namenlos und ohne Bild.

Der Weise aber sieht gemeßnen Sinn
in den Kurven blinder Triebe,
allen andern scheint er stur.

Er indes, er torkelt hin,
trunken noch vom Strahl der Liebe,
er ist bewußt gewordene Natur.

Ijob

Sie sprachen gut. Ihre Lügen sind
noch heute aktuell:
Ihre Verdrängung des Schicksals sei
seine mangelnde Einsicht.

So sprachen die Freunde, nachdem
ihre Kleider zerfetzt,
publikumswirksam ihre Leiber
falsches Mitleid gaukelten.

Wahrlich, hier würfelte nicht der Gott.
Vielmehr fuhr er auf der Achterbahn
in einem reichen Leben.

Und wahrlich, die schlimmste Heimsuchung
des Leids für den frommen Ijob: seine
drei tadellosen Freunde.

Novemberfrau

Ihr frisches Haar, in dem noch Düfte wallen
von Parfüm, und vom Wasser glänzend ihre Haut,
entsteigt der Wanne sie, und keinen Laut
vernimmt ihr Sehnen als das Tropfenfallen

auf Email. Ein Frösteln. Und das Knallen
einer Tür im Nachbarhaus. Sie vertraut
dem Himmel, der novembertief sich blaut,
die Sorgen an, die ewig widerhallen.

Ins Badetuch gehüllt lauscht sie Gespenstern.
Sie sieht die kahlen Äste vor den Fenstern
und verbietet sich das kummervolle Denken.

Die Jugend wollte stets ihr Herz verschenken
und lernte doch, es leise zu bezähmen.
Im Ganzen, denkt sie, ist es zuviel Nehmen.

Einer Sängerin

Dieses Bündeln ihrer tiefsten Leiden,
als wenn sie sich entspannt - und doch bedränge.
Ihr Atmen ist der Schlüssel dieser Klänge
geheimnisvoll, aus Herzens Trauerweiden.

Und ihre Stimme schwebt auf lichten Seiden,
gesponnen aus der Hülle ihrer Zwänge.
Sie fühlt die Freiheit hinter jener Enge
der Konvention. Es ist wie ein Entkleiden,

sie hebt die Brust und schürt erregt die Glut
und trifft den Ton der leisen Ironie,
der zwischen Liebe und Verachtung feuert.

Der Ton aus ihrem Munde sich erneuert,
den einst der Komponist dem Leben lieh.
Er wärmt den Hörenden das schwere Blut.

Lektorengeflöt

Sie hatten die Freundlichkeit, uns
Lyrik anzubieten.
Leider haben wir unser belletristisches Programm
weitestgehend eingeschränkt.

Aus der Fülle der Einsendungen
müssen wir sorgfältig auswählen.
Wir hoffen auf Ihr Verständnis,
zahlreiche Verpflichtungen - Manuskript zurück.

Lieber Herr Unbekannt, haben Sie trotzdem
vielen Dank für die Einsendung
Ihrer schönen Gedichte.

Hat uns aber leider nicht „so" gut gefallen,
daß wir daraus ein Buch machen möchten,
schrieb ein weiterer.

Herbst mit dir

Das Wiegen jener Äste spiegelnd im Kanal,
das ist wie Harfenklang im Wahnsinnstoben.
Und jene letzten Blätter reifumwoben
fallen schweigend in das himmlische Fanal.

In Dächer zahllos fällt der Sonne Goldpokal,
hat blind des Abendlandes Tag zerstoben.
Die Autos stehn in langen Blechgarderoben,
ein Martinshorn zersprengt den friedlichen Choral.

Abgase wabern in den falben Lichtern.
Wir ziehen weiter, Hand in Hand, und lauschen
bang dem Wiegen jener Äste. Mit Gesichtern

füllt sich jeder Baum. Die Welt scheint zu vereisen.
Ich brauche deine Wärme, nur im Tauschen
unserer Liebe seh ich sie noch kreisen.

Besoffen

Nun Prost zur guten Nacht!
Tag hat die Lichter ausgemacht,
ich bleibe drauf sitzen.
Gewissermaßen in Grützen.

Eine welke Rose
düngt eine Leberzirrhose,
hat eine triste Nacht
gewissermaßen umgebracht.

Schritte im feuchten Naß
auf Kopfsteinpflaster, wo Moose
wuchern in schmalen Ritzen.

Zwischen Büscheln von Gras
herrscht Krieg in der Unterhose:
schimmernde, kalte Pfützen.

Jene seltensten

In einer Welt voll tödlichem Verletzen
sind sie Versuch - ein leises Überleben
von Seelen, die unsagbar zart erbeben,
so sind sie frei vom schrillen Säbelwetzen.

Ein Klingklang über dicht verwobnen Netzen
von Leidenschaft und Furcht und blindem Streben;
wie Birken, die aus Nebeln sich erheben,
so leuchten sie nach inneren Gesetzen -

die sie erfühlen, fern aus Kindertagen.
Sie sehn, was Menschen antun sich und neiden,
was nur sie tun, weil sie nicht Selbstsein wagen.

Denn Menschen wissen nichts: Sie müssen kämpfen.
Und sie erfüllt Verachtung bloß und Leiden,
gleich Nebeln, die das Licht der Liebe dämpfen.

Kreislauf des Herzens

Wie kommt das, daß man sich alleine fühlt
und stets ein Zweites heimlich sich ersehnt?
Wie kommt das, daß die Zeit sich endlos dehnt
in Herzen und in Herzen zweisam wühlt?

Und warum gibt es Menschen, deren Lieb'
erwächst zu solcher weiten Einsamkeit,
daß kaum ein Zweites sich an sie verleiht?
Dann wird die Liebe selbst zum größten Dieb,

dem ganzen Menschen unerträglich Leid.
Er sehnt, bis endlich sich der Irrsinn kühlt,
daß Lieb' nur Spielerei und Glück: ein Sieb.

So wisse denn: Liebe ist Einsamkeit,
so groß, daß sie in alle Herzen fühlt,
ob nicht eines sich ihr ganz verschrieb.

Fortschrittsgläubiger

Dank der Erfindung des
schnurlosen Telefons
bin ich auch auf dem Klo erreichbar.
Dank der Erfindung!

Dank dem Wirtschaftsaufschwung
bin ich heut' arbeitslos;
Einsparungen blieben uns nicht erspart.
Dank(e) der Nachfrage.

Mein Klo ist eine moderne
Kommunikationszentrale.
Man gönnt sich ja sonst nichts.

Und dank der Gentechnologie
habe ich mein Ohr stets am Arsch
der Welt: dem Arbeitsamt.

Zwischenspiel
hinter geschlossenem Vorhang

Und jener orangene Elektrowagen
passiert die Schranke, wie an allen Tagen,
zieht Kulissenteile hinter sich her
und verschwindet im blassen Nebelmeer

zwischen den Gebäuden. Stille ragen
Baugerüste aus dem Lärm von Fragen,
welche die Arbeit an sich selber richtet.
Stumpf glotzen Reichere; das Leben dichtet.

Eine Bekannte erkennt mich nicht mehr,
seit sie verstand, daß ich auch bloß arbeite.
Zwei Kollegen ermorden die Seele eines

dritten. Ich staune in die triste Weite:
Die Sonne hebt sich aus den Nebeln, schwer
wie das Bildnis eines übergroßen - Schweines.

Reality - TV

Der Helikopter über den Antennen,
der wie ein Äffchen sich im schwirren Kreise
dreht und tobt, als wäre seine Reise
Selbstzweck bloß und lächerlich zu nennen -

der Helikopter über den Antennen.
Bedrohlich, wie zu einer Totenweise,
so tanzt das Scheinwerferlicht. Die Schneise
gräbt tiefer sich in Nacht und Neugierbrennen.

Es glänzt ein Bauch, im Wasser aufgetrieben.
Ganz leise treibt er um die eigne Achse
und weiß nichts mehr von Eitelkeit und Lieben.

Und endlich finden beide zueinander,
daß uns zum Frühstück eine Nachricht wachse
bei Cornflakes, Honigjoghurt und Expander.

Trenderhebung

Nun, die Zeiten sind ungesund.
Niemand ist ohne Schuld
im großen Leistungskult.
Der Mensch ist der dümmste Hund.

Kinder sehen und hören Schund
in maßloser Ungeduld.
Ein kaltes Flimmern lullt
uns heimlich in den Fernsehgrund.

Nehmen wurde das Seligste.
Lieben: den Hintern hinhalten,
Massenselbstmord in Raten.

Faseln wurde das Seligste
blinder Talkshowgestalten.
Computer sammeln Daten.

Waldbach in Mecklenburg

Da ist kein Ziel. Ein friedlich Unterhalten
von Geistern, Zeiten, die in stillen Kränzen
sich verbinden, sich zu Wald ergänzen.
Eisvogel pfeilt durch sinterkühles Walten.

Sein Plätschern ist der Ton des Ungestalten,
der Ton des Lichtes in des Laubdachs Tänzen.
Verträumter Klang ist auch das schwirre Glänzen
der Libellen, die ihr Blau entfalten.

O könnte ich vor diesem Bild vergessen!
Wo einstmals ich nur frommen Wahn besessen,
tät nun die Seele wilde Freiheit künden.

Ich würde mich wie schlanke Farne kräuseln
und über moosbegrünte Felsen säuseln,
das Rätsel dieser Stille zu ergründen.

**Nicht allzu ernstgemeinte Variationen
über einen klassischen Dichter**

I

Gewaltig fährt ein Leid in diese Seele,
die noch im Tanzen sich des Bilds erfreut,
die vor Sekunden noch im Traum verstreut
der Rosen zahllos, daß ein Lieb sie stehle.

Es würgt gemeiner Spott an seiner Kehle,
des Knochenmannes feixendes Geläut;
weil still er längst den wilden Fluch bereut,
daß ihm kein Gott das Maskenspiel verhehle.

Ein leeres Sinngefabel scheint sein Schreiben,
ein Lallen, das um tote Formen ringt -
und alles Lieben scheint ihm frecher Raub.

Da sieht er, wie im Lenz schon Blätter treiben,
wie nach dem Sturm die Amsel zeitig singt -
und reinigt bald das Herz vom alten Staub.

II

Und reinigt bald das Herz vom alten Staub:
Des Himmels Fortlauf weiß kein Mensch zu fassen,
es lohnt nicht dieses kindisch blinde Hassen,
und alle Weltverachtung macht bloß taub.

Die Selbstverachtung scheint ihm mehr das Rechte,
er frönt gewaltig ihr in den Tavernen.
Und wie voll Weines er in Nebeln fechte,
hebt es den Dichter plötzlich zu den Sternen.

Das Leben wird ihm beinah zum Gedicht.
Ihm schmeichelt, daß die Muse ihn betörte,
es reinigt sich das Herz vom alten Staub.

Den Zauber dieser Welt in Reimen spricht
der Mund, den heimlich doch ein Gott erhörte.
Natur: des Dichters Lieben ohne Raub.

III

Natur: des Dichters Lieben ohne Raub.
Kultur: Gesetz und Geist, die er zu finden
im Menschen stets gehofft. Doch sie verwinden
den Glauben nicht an falsche Geister. Die Haub'

des Narren wird alsbald zur Funkelkrone.
Es tönen statt der Verse die Raketen,
die Helden fangen schneller an zu beten,
zertrümmert liegt das Land, dem Geist zum Hohne.

Auf Papstes Schultern landen manchmal Tauben.
Den General verzückt sein graues Prunken,
es haßt und wünscht der Mensch sich noch Befehle.

Verstand, er haßt und heuchelt doch den Glauben
an falsche Mächte. Dichter lauschen trunken
am Innersten, dem nichts im Leben fehle.

IV

Am Innersten, dem nichts im Leben fehle,
erfreut die Einsamkeit sich reicher Stunden.
Ein Mädchen lächelt scheu aus Augenrunden,
die heller strahlen als des Dichters Seele.

Denn warum sollte bei dem süßen Drängen,
an ihrer Brust nicht auch sein Herz gesunden?
Das schlaue Kind verlacht den dummen Kunden.
Er sieht im Weine schon die Leiche hängen,

die ein Beamter von der Spülung schneidet.
Die Früchte seiner Arbeit sind verschwunden.
Was hilft's, wenn Herr Galan sich teuer kleidet?

Es leckt der Hund in Gassen sich die Wunden.
Seit der Poet die hübschen Augen meidet,
erfreut die Einsamkeit sich reicher Stunden.

V

Erfreut die Einsamkeit sich reicher Stunden ...
der Dichter wandert stumm durch Ewigkeiten.
Es scheint ein Träumen ihm das lange Streiten
um Liebchens Seele, die er nie gefunden.

Er fühlt sich weiter nicht an sie gebunden.
Die Wälder ihm ein stilles Glück bereiten,
er wandelt hin durch ferne Kinderzeiten
und fabelt Wesen, die ihn nicht verwunden.

Vertrocknet ist das Grün der meisten Wiesen,
ein fernes Schießen kündet Sommers Neige.
Es lachen Enten in den Wassern breit.

Am Himmel toben bald schon graue Riesen.
Wenn erst die Jungfrau sich der Sonne zeige,
quillt reife Frucht aus dieser kühlen Zeit.

VI

Quillt reife Frucht aus dieser kühlen Zeit,
des Dichters Herbst: ein farbenfrohes Staunen.
Durch lichtes Welken fährt ein zages Raunen,
von Leben satt, voll milder Endlichkeit.

Schon früh am Morgen treibt ihn das Geheule
der Toten aus dem Haus. Ihr stumpfes Klagen
jagt straßenweit ihn in die bunte Fäule.
Des Hähers Schrei stellt nebelhafte Fragen.

Ob Freude sei, das kann er nur vermuten
im trüben Wirrwarr um das schönste Kleid.
Am alten Gatter schnauben feuchte Stuten.

Was frommt dem Dasein seine Eitelkeit?
Der Dichter sieht einst frisches Grün verbluten,
er ahnt das Menschsein in des Menschen Leid.

VII

Er ahnt das Menschsein in des Menschen Leid,
dies Bittersüße um den reifen Mund;
da tut ein Wind ihm die Erkenntnis kund,
daß Vergehn die Quelle aller Heiterkeit.

Er lacht, wenn er dem Narr'n die Straße kehrt;
des Reichen Gaukelspiel ist diese Welt,
des Armen Hoffnung ist des Reichen Geld,
er lacht, obwohl die kalte Stadt ihn wehrt.

Wenn rauh des Staates Galgenvögel pfeifen,
seziert der Dichter schnell noch Sehnsuchtsstreifen
am Horizont der letzten frohen Stunden.

Er prüft, ob dies beharrlich Nicht-Begreifen
ein Plan ist der Natur. Gedanken schweifen
im wachen Traum vernarbter Schmerzeswunden.

VIII

Im wachen Traum vernarbter Schmerzeswunden
erkennt der Dichter weise Lebensfreude.
Ein stetes Wanken ist sein Weltgebäude:
Er schaut das Leben in den prallen Pfunden

der Dirnen und der Hehler Goldjuwelen.
Aus frommen Augen blickt ein geiles Tier.
Er schaut das Leben in versoffnen Kehlen,
ein Requiem von Wein und Fleischesgier.

Denn alle Lust ist eine Totenfeier,
und alles Lieben dünkt ihm plötzlich freier,
wenn er das Leben selber leben läßt.

Wenn er das Leben selber dichten läßt,
es lockt ihn fort zu wundertollen Fahrten,
und alles Handeln wird zum Rosengarten.

IX

Und alles Handeln wird zum Rosengarten,
er hüllt die Worte in den schönsten Schleier.
Die strenge Arbeit macht ihn nur noch freier.
Er blickt vergnügt den Teufeln in die Karten.

Geduld wird ihm im steten Lernen wichtig,
was fehlt, wird später meisterlich sich fügen.
Mag ihn die Welt um seinen Lohn betrügen,
Applaus ist angenehm, ansonsten nichtig.

Die Phantasie wird Menschenalter leben,
und Mut erwächst aus einsamer Natur;
was an sich hält, verliert nicht sein Gesicht.

Soll doch der Pöbel sich dem Haß ergeben!
Es schweigt die Wut der ärgsten Kreatur,
sobald der Dichter zu den Herzen spricht.

X

Sobald der Dichter zu den Herzen spricht:
Ein wacher Sinn kennt nicht dies Selbstgebaren
falscher Sicherheiten, dies Erfolgsgesicht.
Der Mensch von heute lebt recht festgefahren,

es schläft sein Sinn, und Unrecht birgt sein Schlaf.
Es sind so viele, die mit Dornenkränzen,
so wundervolle, arme Existenzen,
die der Fluch des reichen Westens traf.

Da sind zu viele, die in Löchern leben.
Auch sind zu viele, die an Träumen weben
und viel zu viele, die mit Geiz nicht sparten.

Wer wird die Kälte ihres Sattseins beugen?
Des Dichters Scham wird es dem Volk bezeugen:
Es blüht im Schnee die Liebe. Wer kann warten?

XI

Es blüht im Schnee die Liebe. Wer kann warten?
Sowie Orion sich am Himmel zeige
und im Geflimmer der unendlich zarten
Kristalle der falbe Mond herübersteige,

wird Kälte zu Vergeßlichkeit. Des harten
Eises Wuchern an der Fensterscheibe
wirft Blumen in den schalen Ton der Geige
Melancholie. Musik. Des Dichters Sparten.

Es ist die Zeit, in der Talente keimen,
die Zeit, in der sich Dissonanzen reimen.
Manche hungern, andre füttern Enten.

Konzerte gibt man nun in Altenheimen.
Der Dichter läßt sich dadurch nicht beleimen.
Er hat gelebt. Er lebte nicht für Renten.

XII

Er hat gelebt. Er lebte nicht für Renten.
Er liebte nicht das Biedern feiger Schranzen,
das süße Lächeln falscher Pomeranzen,
und trotzte stets den glatten Dokumenten.

Er sank nicht hin in stieren Halbgefühlen,
verkaufte Kranken keine Wunderdrogen.
Doch war der Dichter auch nicht wohlerzogen,
denn trunken tanzte er auf morschen Stühlen.

Er schoß den fetten Gecken in die Betten
und ließ verhungern sie an Perlenketten.
Wie plärrte da im Wahn manch toller Wicht!

Dann wieder schloß er hehre Kompromisse,
verteilte an die Welt nur Blütenküsse.
Dem Sterbenden lacht frohe Zuversicht.

XIII

Dem Sterbenden lacht frohe Zuversicht.
Er sieht im Geiste schon die Erde fallen
auf seinen hübschen Eichensarg. Von allen
Schäufelchen blinkt frech das Morgenlicht.

In bleichen Zügen ohne weitere Namen
stehen geduldig die frommschönen Damen;
ihre lächelnden, weichen Konturen
verwehen wie Parfümgeruch in Fluren

dem Dichter, der sie stets zu fassen zagte.
Nur jene erste, die er lieben wagte,
sie führt er fort zu fernen Elementen.

Die Freunde auch, vorausgeeilte Kinder,
sie lachen fern dem greisen Überwinder:
Es ist ein Spiel von ewigen Momenten.

XIV

Es ist ein Spiel von ewigen Momenten.
Die Wunder dieses Spiels zu deuten,
nicht wenig sind, die den Versuch bereuten -
Geheimnis bleiben sie dem Produzenten.

Die Wunder dieses Spiels zu deuten
ist eine Sucht von seltenen Talenten.
Das schlichte Volk denkt einzig in Prozenten
und gewinnt. Der Dichter zahlt in Häuten.

Doch führt er auch die Welt im Traum spazieren:
Sie wird zum Bild ihm und das Bild - zu Leben.
Es lohnte stets das hoffnungsvolle Streben.

Und seinen Reichtum kann er nicht verlieren:
Gewaltig lacht das Glück aus dieser Kehle,
gewaltig fährt ein Leid in diese Seele.

XV

Gewaltig fährt ein Leid in diese Seele
und reinigt bald das Herz vom alten Staub.
Natur: des Dichters Lieben ohne Raub
am Innersten, dem nichts im Leben fehle.

Erfreut die Einsamkeit sich reicher Stunden,
quillt reife Frucht aus dieser kühlen Zeit:
Er ahnt das Menschsein in des Menschen Leid,
im wachen Traum vernarbter Schmerzeswunden.

Und alles Handeln wird zum Rosengarten,
sobald der Dichter zu den Herzen spricht:
Es blüht im Schnee die Liebe. Wer kann warten?

Er hat gelebt. Er lebte nicht für Renten.
Dem Sterbenden lacht frohe Zuversicht:
Es ist ein Spiel von ewigen Momenten.

Auflösungen

40 Stunden

Zivilisation: strebsam und unverbindlich. 40 Stunden Persönlichkeitsverlust oder 30 oder 60, wöchentlich, für gutes Geld und Wohlstand. Zivilisation: das „gute" oder das „liebe" Geld. 40 Stunden in jeder Woche, in denen der moderne Mensch streng nach der Bibel lebt: Er macht sich die Erde untertan. Obwohl er heute vorgibt, ungläubig zu sein und vielleicht aus der Kirche austrat, bedeutet Zivilisation: unterwerfen. Mit oder ohne Kirchen, wir machen uns alles und jeden untertan, und die Nächstenliebe beschränkt sich auf eine Unterschrift im Organspender-Ausweis (ich besitze keinen, ich bin nicht sicher, ob Hirntote - wirklich tot sind).

Zivilisation: Vorwürfe machen, schlechtes Gewissen erzeugen, 40 Stunden in jeder Woche: Leistung. 40 Stunden? Du hast, du mußt, du haßt dich selbst - weil du nicht anders sein willst, 24 mal 7 Stunden in jeder Woche. Der zivilisierte Mensch ist blutarm und primitiv, gnadenlos für gutes Geld, strebsam nicht für sein Herz. Menschen mit Herz bezeichnet man als Barbaren, vielleicht kann man ihnen dieses Organ herausschneiden, sie zivilisieren, für gutes Geld - findet sich immer ein Abnehmer. Zivilisierte Menschen führen die meisten Kriege, sie funktionieren, 40 Stunden in jeder Woche oder 30 oder 60, eine von Zahlen besessene Währungsgemeinschaft. Zivilisation: Spaß haben wollen und ewig leben, auf Kosten des ärmeren - Nächsten.

Die Geliebte

Ihr Körper wollte mich um den Verstand bringen, aber weil ich ihr Geheimnis sah, brauchte ich Zeit. Ich konnte stets viel über meine Ängste reden, ohne sie eigentlich loszuwerden. Meine größte Furcht: mein Idealismus. Mein größtes Ideal: ihr Körper.

Wie dumm das alles war, merkte ich erst, als ich mit meinen Lippen sanft ihre Brüste berührte.

Verrätst du mir deinen Traum?

Verrätst du mir deinen Traum? Ich träume von der Selbstverwirklichung, von der es heißt, es sei die Sache großer Dichter und Humanisten, oder aber die Illusion einer lebensunerfahrenen Jugend, die es unbedingt zu begraben gilt. Manch ein „Junggebliebener" ist ein geistiger Greis: Wie sie um sich beißen und Galle spein, wenn sie neidvoll ihre Toupets zurechtrücken - die Jugend zu bewahren suchen, die sie innerlich längst ermordet haben: Konservenbüchsen mit Menschenfleisch. Wie sie sich freuen würden, täte ich ihnen den Gefallen und verhungerte! Hätte ich Geschwüre, so groß wie ihre vergewaltigten Kinderseelen, eine fernsehwürdige Sensation, und würde ich damit Geld verdienen - sie beneideten mich noch um dieses eine Gefühl: meinen absoluten Schmerz.

Die Huren

Milde lächelt das Abendlicht, ein trunken machendes Glück. Wie ich mich nach dir sehnte! Du folgtest dem kühlenden Regen. Die Welt, das Leben: in Gold getaucht und in Purpur, selbst die verfallenden Häuser strahlen, vor denen die Huren stehen, warten, sich um die verfallenden Seelen der Männer zu kümmern. Sie sind hübsch anzusehen in dieser Meile, im späten Abendlicht nach dem Regen, und ihre Gefühle haben sich schweigend verwandelt.

Wie du mich anglühst, Scheinwerferlicht! Sie steigen in fremde Autos, der Regen ist vorbei, ihr Beruf ist anstrengend, ihr Leben leichtfertig. Eine alltägliche Einkaufsstraße. Selbst die verlassenen Häuser sind schön, werden sie angelächelt, vor denen die Huren warten, in rote, lacklederne Wolken gehüllt: einsam und voller Menschenkenntnis. Ich mag sie leiden, in ihnen glüht ein spätes, kühles, klärendes Nachregenlicht.

Regietheater

Er war so überzeugt von der Schlechtigkeit der Welt, daß sich alle Schauspieler letztendlich ausziehen mußten: denn die Gesellschaft war ein Riesenpuff. Entweder die Menschen werden tyrannisiert oder sie tyrannisieren sich gegenseitig, dachte er und tyrannisierte das Publikum. Aber das Publikum lachte. Was so mancher Diktator nicht fertigbrachte, seine Opfer zum Lachen zu bringen, das war dem Regisseur geglückt - bevor er zu den Göttern ging, an die er nicht glaubte. Eine schöne Seele in einer schlechten Welt? Nein: eine unterdrückte Seele in einer sich gegenseitig klein haltenden, größenwahnsinnigen Gesellschaft.

Griechenland

Und wieder schleudert seinen Ball Apoll, sein Gold im
Überfluß auf weiß getünchtes Mauerwerk, läßt Grie-
chenland im Licht ertrinken. Noch einen Augenblick ist es
erstarrtes Land, verloren im Dunkel des Weltentraums.
Jetzt - erblüht die Erde zu neuem Leben! Gleich dem
Phönix entsteigt der Ölbaum dem Flammenmeer, das
Dorf, der Thymian an den Hängen, auferstanden im
neuen Blau meiner Seele. Schrei der Zikaden tönt zu
tausendstimmigem Konzert, lädt zum Tanz, zum Tanz
auf dem Berg. Die Welt wiegt sich im schwellenden
Klang: Crescendo der Stunden. Der Äther schwingt, ich
folge des Pfades narbigem Fels, Griechenland! Tanz auf
der Lebenslinie, mit feiner Feder geritzt in zeitlosen
Stein. Linie um Linie, rot verkrustete Wunden, endloser
Eselshufe Spur. Und ich trinke! trinke das kühle Blau
von Himmel und Meer, trinke den süßen Wind und das
Graubraun der Berge. Ach, wieder schleudert seinen Ball
Apoll, den Ball von Gold, und seinen Himmel saugt
das Blut der Zeit, speisend kühlende Schatten: Durch
Greisenhände rinnt das Stundenmaß der Jahre, Kette des
Lebens, Perle an Perle gereiht.

(nach einer Tagebuchaufzeichnung
meines Freundes Stefan Pratzel)

Trentino

Ich suche die Poesie in der Natur, nicht in den Worten dieses milden Altweiberklimas. Ich suche das Wunder dieser prallen Septemberäpfel zu ergründen, die mir von den Hängen entgegenlachen, und verführe mich selbst, einen von ihnen zu stehlen (bergauf entschuldigt sich das Leben von alleine). In der Ferne blinkt der riesige See, er hat die endlosen Touristenhorden einfach verschlungen, verwandelt, in eine längst vergessene Romantik. Sie erblüht im Tanzschritt jener alten Leute unter den Reben und in der Reife des roten Weins.

Ich suche das Wunder dieser milden, späten Septemberwoche nicht länger in diesen unbegreiflich schönen Frauen, die in den engen, reich beblumten Gassen wachsen oder unter den Arkaden, vor den Schaufenstern der eleganten Geschäfte. Einige von ihnen schweben auf Vesparollern durch Bergdörfer und führen abends unter Palmen am Seehafen ihre stolzen Freunde an einer unsichtbaren Leine.

Ich suche das Wunder der Poesie nicht länger in den dichten Wäldern voller Steineichen oder in den ersten Herbstzeitlosen. Zwischen all diesen vergessen geglaubten Wiedergeburten der Schönheit, den Burgen und Schlössern nicht unähnlich, zwischen all diesen endlosen Wiederauferstehungen im Gewande einer scheinbaren Jugend - finde ich die Poesie in der unbefleckten Natur meiner Worte.

Sieger?

Der Sieg des Kapitalismus ist der Sieg einer sterbenden
Sonne, die noch einmal, ein letztes Mal gewaltig auf-
leuchtet, indem sie ihre äußere Hülle abwirft und
schließlich in sich zusammenstürzt. Jedermann wollte
egoistisch sein, seinen persönlichen Turm von Babel
bauen, bevor er in den Slums vor sich hin stirbt, auf der
Strecke bleibt. Der Sieg des Kapitalismus wäre der
Triumph der Menschenverachtung über den Menschen.

Herzensdialog

Woran die Welt vor die Hunde gehen wird?

Natürlich am Kapitalismus.

Und weshalb ist der Kapitalismus eine so hartnäckige Krankheit?

Weil er den Menschen einreden konnte, daß es ohne ihn weder Freiheit, noch Menschenrechte, noch Demokratie geben würde.

Wie konnte er das?

Er appelliert an den Egoismus eines jeden. Er vermarktet tiefsitzende Klischees und Vorurteile. Und er behauptet, daß der Mensch zum Arbeiten geboren wäre, durch Arbeit alles erreichen könne und auch einzig durch die Arbeit glücklich würde. Er verschafft den Menschen stän dig ein schlechtes Gewissen.

Wie wird er überwunden?

Durch seine eigene Gier. Durch maßlose Ausbeutung von Mensch und Natur, ob durch einzelne oder im Kollektiv, gerät die Welt aus ihrer Harmonie.

Einfach gesagt

Einst vor unzähligen Tagen, da begann ich zu glauben, daß die Welt voller Liebe sei; man müsse sie nur zulassen. Es ist was dran an der Story, denn seither waren unzählige Menschen bemüht, mir das Gegenteil zu beweisen. Das ist so, als ob alle wüßten, daß in ihnen eine Welt voller Liebe unzählige Tage auf ihre Befreiung wartet. Dieses Warten hat einen Namen: Leid. Jeder Mensch hält sich für den letzten Liebenden. Er verbirgt seine Güte und Verletzbarkeit vor allen anderen. Das macht das Menschendasein so ungerecht: Niemand fängt damit an, vorurteilsfrei zu lieben. Die sexuelle Revolution: ein Freibrief für den Egoismus. Die falsch verstandene Selbstverwirklichung: der zum Götzendienst erhobene Egotrip des kapitalistischen Westens.

Und bald wird Winter sein ...

Es blüht im Schnee die Pinkelblume. Schüler seifen sich gegenseitig ein. Eltern ziehen ihre Kleinsten auf Schlitten hinter sich her. Der Schneemann mit der Rübennase und dem Straßenfegerbesen hält strenge Wacht über die Minusgrade. Verliebte gleiten durch Träume von schimmerndem Eis. Sie tanzen gleich den wohldosierten Sonnenstrahlen auf dem zugefrorenen See. Frau Holle schüttelt kräftig ihre Betten, während der Weihnachtsmann lächelnd die Rentiere anspannt. Der Chef der Märchenbande feiert bald Geburtstag; alle sind angeblich eingeladen.

Es blüht im Schnee die Pinkelblume. Die S-Bahn kommt mit Sicherheit zu spät. Autos gleiten gar nicht zärtlich ineinander. Leute, die eine Wohnung haben, sterben regelmäßig auf diese Weise. Arme erfrieren. Beständig füllt sich die Obdachlosenversorgung bei der Heilsarmee. Das Geschäft mit dem Christkind läuft wieder auf Hochtouren; es gedeiht zum Monster. Bald liegen auch wieder zerfetzte Raketen herum: Böller und Mückenfurze. Es blüht im Schnee die Pinkelblume.

Die gute Mutter

Neulich traf ich eine schöne junge Frau. Sie hatte sehr viel Geduld mit ihrem Kind. Sie sprach: „Wenn ich mein Kind mit zwei Jahren schon schlage, wie werde ich erst reagieren, wenn es einmal fünfzehn ist? Soll ich es dann umbringen? Das kann ja keine Lösung sein. Die Probleme werden größer - und meine Antworten darauf müssen gerechter werden." Sie sagte das, während wir ein Glas Wein zusammen tranken. Ich begann, ihren Mann zu beneiden. Ich wünschte mir, sie wäre mir beides: Frau und Mutter.

Nachbesserung

Es war noch eine Rechnung offen zwischen Körper und Geist. Der letzte Schachzug ging an die Körperseite: Gesunde Körper würden von gesunden Geistern be wohnt, wurde da erklärt. Seither trainieren die armen Geister mit Olympionikenblick, oder sie versenken sich in Yoga und Meditation, atmen sich frei und - siehe da - werden kein bißchen weiser.

Wieviele Gewaltverbrecher hausten in vor Gesundheit strotzenden Körpern? Muskelbepackte Nazischergen, blond und blauäugig, oder wer erinnert sich nicht an jene kraftstrotzenden Arbeiter- und Bauernpaare? Sockelhoch über den Millionenstädten schwangen sie Hammer und Sichel. Und wieviele Freigeister wurden geplagt von Krankheit und Not? Die Liste wäre endlos. Sie hörte nicht bei Mozart auf oder Beethoven.

Schlechte Zeiten, in denen die Schönen immer Recht behalten und die Gesunden von Natur aus gut sein sollen. Warum tut ihr nicht einfach, was euch guttut? Verschont aber euren Nachbarn damit.

Nun schläft das arme Tier

Gestern erklärte mir unser Hund, daß er doch ein Tier sei, und bitte sehr: Ich möge das nicht vergessen. Und vor allem: die Finger von Frauchen lassen. In der Tat, ich hatte beinahe selber nicht mehr daran geglaubt. Er war so menschlich mit seinem Jesusblick und den Reißzähnen. Und er kaschierte seine Gier durch Schmeichelei.

Möchten Sie wissen, warum sich in einer Durchschnittsfamilie niemand so recht freuen kann, falls ein mal ein Talent in ihr auftaucht? Jeder fürchtet um seinen Rang in der Ordnung.

Fortschritt

Lehrjahre sind keine Herrenjahre. Sehen Sie sich diese Gesichter an, diese gespielte Wichtigkeit, bis man selber daran glaubt: Tanz von Hanswursten. Geil. Gierig. Gnadenlos. Eine Wegwerfgesellschaft, die auch vor den Betten nicht haltmacht. Die Nachrichtensprecherin, der Betriebsleiter, die Modemillionärin, diese ewig gleichen Politikerkarrieretypen: alles Zirkusdirektoren. Sehen Sie sich diese Gesichter an, diese gegaukelte Männlichkeit selbst noch bei den Frauen: Leistung. Leistung. Leistung. Mann sein. Schwein sein. Kalt sein. Tanz von Hanswursten, lebende Strichcodes, sie beten zu Stempeluhren.

Zum Vergleich noch einige Wörter aus dem Mittelalter:

Ufologenkongreß
Esoterikmesse
astrologische Beratung
Pendelschwinger
Pendeldoktor
Papst
Bundesfinanzminister
Prinzessin von sonstwo
und König von ebenda
Traumhochzeit
Traumreise
Wundermedizin
Voodoozauber
Sektenführer
Megastar
...

Alles Glücksbringer für den persönlichen Geldbeutel. Sie verfolgen uns mit Riesenschritten in das nächste Jahrtausend.

Flockenblume im Park

Ich sah dich heute in den Wiesen. Während ich mit dem Fahrrad den duftenden Feldweg entlangfuhr, bewunderte ich dein krauses Haar. Letzte Nacht fiel Hongkong an China zurück, wohin es schon immer gehört hat, aber du warst die Königin meines Augenblicks. Über deinem Anblick vielhundertfachen Violetts verging die bedrückende Schwere der großen Stadt.

„Er läuft davon", werden sie schreien, „er flieht die Realität!"

Sie besprechen die Nachrichten, die alltäglich gewordenen Schreckensmeldungen, heucheln Betroffenheit und wenden sich in unerträglicher Sattheit, Selbstgefälligkeit ihrem Bierchen zu. Kein Feuerwerk über den nächtlichen Himmeln der fünf Kontinente käme dem bescheidenen Zauber deiner Schönheit gleich. Von der Mähwiese fuhr ich weiter zu dem kleinen Teich. Eine alte Linde wies mir den Weg: Aus ihren grünen Herzen lösten sich tau send Geister, und wie Elfen umschwirrten Libellen deine vom Menschen geschaffene Welt.

Wiederkehr

Wozu sollen diese Bilder gut sein von all den Ermor-
deten, Gefolterten, Verhungernden, Kranken, Glattge-
schminkten, Superreichen, Bestechlichen, Gemeinen? Sie
nähren die Gier des Volkes nach Sensationen, sie nähren
seine kindischen Träume, aber das Volk bleibt diesen
Bildern so fern wie einer Invasion von Außerirdischen.
Die Welt wächst zusammen, das stimmt schon. Richtiger
wäre: Sie vernetzt. Milliardäre blühen darüber und eine
unendliche Sucht des Menschen nach Vergnügen, Ab-
lenkung von ihrem tatsächlichen Sein. Der scheinbar
freie Mensch des Westens, er sitzt vorm Fernsehapparat
und heuchelt Betroffenheit. Er will Blut sehen und ge-
sättigt sein. Brot und Spiele. Dabei macht er jeden Tag
seinen Nächsten das Leben zur Streßhölle, während er
von Mitleid redet und von Selbstverwirklichung. Der
scheinbar freie Westmensch verwirklicht seinen Egoismus,
während die Herzen seiner Kinder verkümmern, sie
verhärten, vereinsamen, verrohen, verdummen, irgendwo
zwischen Plastikfraß und Videoclip bleiben sie auf der
Strecke.

Einsam steht auch der Gewaltige. Es hat sich nichts
Wirkliches verändert: Die dumme Bosheit des Massen-
haften nagt am wahrhaft freien Menschen wie das Meer
an den Felsen. Sie wird ihn schließlich vernichten. Doch
die Freiheit seines Bewußtseins hat ihn nur verwandelt.
Denn war er nicht ewig mit seiner Mutter eins? War er
nicht vollkommen auf dieser Erde mit all ihrer einzigar-
tigen Unvollkommenheit? Aus seinem Blick sprachen
Herz und Verstand gleichermaßen, das wollte den Men-
schen nicht so recht gefallen. Als er fort war jedoch ver-
mißten sie ihn. Und siehe: Er kehrt zurück. Und es ist, als
hätten die Menschen ihn niemals gekannt.

Elitär?

Als ich der Dummheit ein Lied vorsang, da sprach sie bloß: „Aber du kannst kein Klavier spielen." Als ich der Dummheit ein Gedicht vorlas, da antwortete sie: „Aber du kannst keine Ölbilder malen." Und sie war stolz auf ihre Redegewandtheit.

Seit sich Sex und Gewaltverherrlichung in Geld verwandelten, erkannte man den Fernsehmoderator als „Genie". Seit der Geschmack der Masse die Kunst für sich beansprucht, dominieren Respektverlust und Überheblichkeit. Denn das Kunstwerk wird zum Spiegel des Publikums.

Als ich der Dummheit zum Abschied die Hand reichen wollte, da fragte sie mich: „Wer bist du schon, Armseliger?" Worauf ich antwortete: „Ein Dummkopf." Und der Durchschnitt lächelte mitleidlos. Aber es war ihm nicht gelungen, mich für immer totzukriegen.

Im Schloßpark

Als glühte schon vor abertausend Jahren dieser Traum der kunstgewordenen Natur, der stiere Blick der marmorweißen Götterfiguren: Diana mit Jagdgefolge, Paris mit dem Apfel, selbst Kronos finde ich, seinen Nachwuchs verschlingend. Klaren Wassern entspringen fette Engelkinder, planschvergnügt, ihr Anblick klingt wie Bach und Händel.

In der Ferne das Gewirr der Wälder über schimmernden Teichen, eine spiegelverflochtene, bunte Welt. Am kleinen Seeschloß tragen Stuckkonsolen Balkönchen, mit Bronzeblumen bestickt - man ahnt noch, wie eine elegante Dame einstmals ihr Spitzentuch fallenließ - und erschreckt sich selbst vor solcher erdenfernen Verspieltheit. Man möchte rund werden vor lauter Barock und Rokoko.

Im Regen besinnt die Sinfonie sich ihres Hintergrunds: Der Zauber versinkt im blassen Schleier der Vergänglichkeit. Nur jene Schwäne dort im hohen Bogen! Sie entfliegen meinem ruheverlorenen Herzen.

Vater und Sohn

Ich: nur ein Wort, dem Bedeutung zu geben meine Umgebung bemüht war; man nannte das Erziehung. Mit zunehmendem Alter allerdings halten sich die zahllos gezüchteten Ichs gegenseitig davon ab, Bedeutung zu erlangen. Daher dreht sich die ganze Welt um dieses eine Gefühl: ich.

Im hohen Alter werden die Wörter bedeutungslos, und das Ich verschwindet schließlich und wird zu Nichts. Das höchste Alter ist das Rauschen von Blättern im Abendwind, während unsere Asche den moosbegrünten Boden des Waldes nährt.

Gott: das Ich der Welt, eine namhafte Illusion, um welche herum sich alles wiederholt. Ich preise das Leben hinter den Worten, diese unsichtbare Bescheidenheit, der wir niemals hätten einen Namen verpassen dürfen. Gott: unser kollektives Ich. Ich und Gott: die Erbsünde, eine beständige Illusion und der konkrete Beweis, daß aus nichts - alles sich erfühlt.

Als wir uns liebten, da wurde ich für wenige Sekunden Ewigkeit zum Du, und wir beide zitterten wie Blätter im Abendwind. Und sandte nicht unser Vater seine goldenen Strahlen durch diese grenzenlose Weite der Selbstvergessenheit, war die Liebe nicht ein unmittelbares Gefühl - aus dem Nichts? Ich: Töchter und Söhne eines einzigen Bewußtwerdens: Gott. Es hatte niemals einen Namen.

INHALT

Jugendsteine

Wandlungen

Nicht allzu ernstgemeinte Variationen über einen klassischen Dichter

Auflösungen